中国电子信息工程科技发展研究

微电子光电子专题

中国信息与电子工程科技发展战略研究中心

科学出版社

北　京

内 容 简 介

　　微电子和光电子是信息领域的两大基础性硬件技术，是数字化时代发展的基石和国家战略竞争的制高点。本书围绕制造工艺、先进封装与芯粒、新型存储与存算一体、高速光模块、硅基光子集成、混合集成等微电子和光电子领域重点技术产品创新方向，从全球发展态势、我国发展现状、我国未来展望、业界热点亮点等维度进行了论述，并对光电融合的紧迫性、意义和前景进行了相关探讨，希望能为我国微电子光电子发展提供参考。

　　本书主要面向微电子光电子技术学科的本科生和研究生，以及具有类似学科背景的科技工作者。

图书在版编目（CIP）数据

中国电子信息工程科技发展研究. 微电子光电子专题/中国信息与电子工程科技发展战略研究中心编著. —北京：科学出版社，2022.9
　ISBN 978-7-03-073082-4

Ⅰ.①中… Ⅱ.①中… Ⅲ.①电子信息-信息工程-科技发展-研究-中国 ②微电子技术-科技发展-研究-中国 ③光电子技术-科技发展-研究-中国　Ⅳ.①G203 ②TN4 ③TN2

中国版本图书馆 CIP 数据核字（2022）第 162108 号

责任编辑：余　丁　赵艳春 / 责任校对：胡小洁
责任印制：吴兆东 / 封面设计：迷底书装

科　学　出　版　社　出版
北京东黄城根北街 16 号
邮政编码：100717
http://www.sciencep.com

北京虎彩文化传播有限公司 印刷
科学出版社发行　各地新华书店经销

*

2022 年 9 月第　一　版　开本：890×1240 1/32
2022 年 9 月第一次印刷　印张：5 3/8
字数：129 000

定价：88.00 元

（如有印装质量问题，我社负责调换）

《中国电子信息工程科技发展研究》指导组

《中国电子信息工程科技发展研究》工作组

组　长：

余少华　陆　军

副组长：

安　达　党梅梅　曾倬颖

中国信息与电子工程科技发展战略研究中心
CHINA ELECTRONICS AND INFORMATION STRATEGIES

中国信息与电子工程科技
发展战略研究中心简介

中国工程院是中国工程科学技术界的最高荣誉性、咨询性学术机构，是首批国家高端智库试点建设单位，致力于研究国家经济社会发展和工程科技发展中的重大战略问题，建设在工程科技领域对国家战略决策具有重要影响力的科技智库。当今世界，以数字化、网络化、智能化为特征的信息化浪潮方兴未艾，信息技术日新月异，全面融入社会生产生活，深刻改变着全球经济格局、政治格局、安全格局，信息与电子工程科技已成为全球创新最活跃、应用最广泛、辐射带动作用最大的科技领域之一。为做好电子信息领域工程科技类发展战略研究工作，创新体制机制，整合优势资源，中国工程院、中央网信办、工业和信息化部、中国电子科技集团加强合作，于2015年11月联合成立了中国信息与电子工程科技发展战略研究中心。

中国信息与电子工程科技发展战略研究中心秉持高层次、开放式、前瞻性的发展导向，围绕电子信息工程科技发展中的全局性、综合性、战略性重要热点课题开展理论研究、应用研究与政策咨询工作，充分发挥中国工程院院士，国家部委、企事业单位和大学院所中各层面专家学者的智力优势，努力在信息与电子工程科技领域建设一流的战略思想库，为国家有关决策提供科学、前瞻和及时的建议。

《中国电子信息工程科技发展研究》
编写说明

　　当今世界，以数字化、网络化、智能化为特征的信息化浪潮方兴未艾，信息技术日新月异，全面融入社会经济生活，深刻改变着全球经济格局、政治格局、安全格局。电子信息工程科技作为全球创新最活跃、应用最广泛、辐射带动作用最大的科技领域之一，不仅是全球技术创新的竞争高地，也是世界各主要国家推动经济发展、谋求国家竞争优势的重要战略方向。电子信息工程科技是典型的"使能技术"，几乎是所有其他领域技术发展的重要支撑，电子信息工程科技与生物技术、新能源技术、新材料技术等交叉融合，有望引发新一轮科技革命和产业变革，给人类社会发展带来新的机遇。电子信息工程科技作为最直接、最现实的工具之一，直接将科学发现、技术创新与产业发展紧密结合，极大地加速了科学技术发展的进程，成为改变世界的重要力量。电子信息工程科技也是新中国成立 70 年来特别是改革开放 40 年来，中国经济社会快速发展的重要驱动力。在可预见的未来，电子信息工程科技的进步和创新仍将是推动人类社会发展的最重要的引擎之一。

　　把握世界科技发展大势，围绕科技创新发展全局和长远问题，及时为国家决策提供科学、前瞻性建议，履行好国家高端智库职能，是中国工程院的一项重要任务。为此，中国工程院信息与电子工程学部决定组织编撰《中国电子信息工程科技发展研究》(以下简称"蓝皮书")。2018 年 9 月至今，编撰工作由余少华、陆军院士负责。"蓝皮书"分综合篇和专题篇，分期出版。学部组织院士并动员各方面专家 300 余人参与编撰工作。"蓝皮书"编撰宗旨是：分析研究电子信息领域年度科技发展情况，综合阐述国内外年度电子信息领域重要突破及标志性成果，为我国科技人员准确把握电子信息领域发展趋势提供参考，为我国制定电子信息科技发展战略提供支撑。

"蓝皮书"编撰指导原则如下：

(1) 写好年度增量。电子信息工程科技涉及范围宽、发展速度快，综合篇立足"写好年度增量"，即写好新进展、新特点、新挑战和新趋势。

(2) 精选热点亮点。我国科技发展水平正处于"跟跑""并跑""领跑"的三"跑"并存阶段。专题篇力求反映我国该领域发展特点，不片面求全，把关注重点放在发展中的"热点"和"亮点"问题。

(3) 综合与专题结合。"蓝皮书"分"综合"和"专题"两部分。综合部分较宏观地介绍电子信息科技相关领域全球发展态势、我国发展现状和未来展望；专题部分则分别介绍 13 个子领域的热点亮点方向。

5 大类和 13 个子领域如图 1 所示。13 个子领域的颗粒度不尽相同，但各子领域的技术点相关性强，也能较好地与学部专业分组对应。

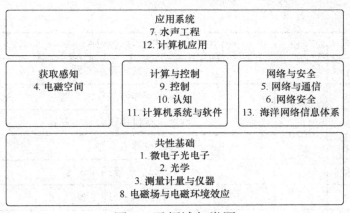

图 1　子领域归类图

前期，"蓝皮书"已经出版了综合篇、系列专题和英文专题，见表 1。

表 1　"蓝皮书"整体情况汇总

序号	年份	中国电子信息工程科技发展研究——专题名称
1	2019	5G 发展基本情况综述
2		下一代互联网 IPv6 专题
3		工业互联网专题
4		集成电路产业专题
5		深度学习专题
6		未来网络专题
7		集成电路芯片制造工艺专题
8		信息光电子专题
9		可见光通信专题
10	大本子	中国电子信息工程科技发展研究（综合篇 2018—2019）

续表

序号	年份	中国电子信息工程科技发展研究——专题名称
11	2020	区块链技术发展专题
12		虚拟现实和增强现实专题
13		互联网关键设备核心技术专题
14		机器人专题
15		网络安全态势感知专题
16		自然语言处理专题
17	2021	卫星通信网络技术发展专题
18		图形处理器及产业应用专题
19	大本子	中国电子信息工程科技发展研究（综合篇 2020—2021）
20	2022	量子器件及其物理基础专题
21		微电子光电子专题*
22		测量计量与仪器专题*
23		网络与通信专题*
24		网络安全专题*
25		电磁场与电磁环境效应专题*
26		控制专题*
27		认知专题*
28		计算机应用专题*
29		海洋网络信息体系专题*
30		智能计算专题*

＊ 近期出版。

从 2019 年开始，先后发布《电子信息工程科技发展十四大趋势》和《电子信息工程科技十三大挑战》（2019 年、2020 年、2021 年、2022 年）4 次。科学出版社与 Springer 出版社合作出版了 5 个专题，见表 2。

表 2 英文专题汇总

序号	英文专题名称
1	Network and Communication
2	Development of Deep Learning Technologies
3	Industrial Internet
4	The Development of Natural Language Processing
5	The Development of Block Chain Technology

相关工作仍在尝试阶段，难免出现一些疏漏，敬请批评指正。

中国信息与电子工程科技发展战略研究中心

前　言

微电子和光电子是信息领域的两大基础性硬件技术。本专题所讨论的微电子和光电子范围聚焦于信息领域，力图展示出相关的国内外前沿技术进展和产业重大突破。

微电子方面，三维(3D)器件结构逐渐形成先进工艺主流，在先进的鳍式晶体管、围栅晶体管结构以及新一代高数值孔径(high-NA)极紫外线(extreme ultra violet，EUV)光刻机等多重技术加持下，半导体工艺的极限尺寸不断向 3 纳米及埃米量级微缩；三维集成、芯粒(Chiplet)等先进封装技术通过立体化集成进一步提升芯片规模和密度；化合物半导体、石墨烯、自旋器件、量子器件等新材料、新结构、新工艺的研究探索，有望突破硅基器件物理极限；5G 移动通信、人工智能(artificial intelligence, AI)、自动驾驶、物联网等海量数据与多元需求，加速芯片向多元化、异构化、绿色化、泛在化等方向演进。受行业数字化转型和后疫情时代经济复苏刺激，2021 年全球半导体市场呈现爆发式增长，首次突破 6,000 亿美元规模，同比增速高达 25%；国内产业维持高增长发展，关键技术迎来多点突破，行业资本高度活跃，产业发展态势持续向好。此外，"芯片荒"成为近两年全球关注焦点，芯片短缺现象向全行业、全产业链持续蔓延，加速全球半导体供应格局重构。随着需求增速稳定、产能逐步提升，缺芯局面有望于 2023 年左右缓解。

　　光电子方面，实现超高速、高性能、低功耗、多功能、高密度光电子器件是信息光电子面临的重要挑战，发展光子集成、光电集成和光电融合等技术是应对信息光电子挑战的重要技术途径。当前，光电子正从分离器件向集成化方向快速发展，但光电子集成相较于微电子集成，无论是器件集成度还是产业链成熟度都要弱较多。光电子集成与微电子集成差异大，存在异质(多材料)、异构(多结构)、异速(多速率)和异维(多维度)等多方面的工程科技问题，亟须从新理论、新材料、新工艺和新功能等多个层面加以解决。硅光子等快速创新的光电子技术，已成为数据中心、网络通信、物联网、云计算、人工智能等诸多领域创新的重要保障和使能技术，在促进数字经济发展、推动我国产业优化升级等方面发挥着愈来愈重要的基础作用。随着光电子技术成为破解信息领域能耗、带宽、速率等瓶颈的关键，随着光电子集成成为超越摩尔的重要途径，光电子应用领域还将不断拓展，纵向上光互连将进一步侵蚀传统电互连领域(光进铜退)，光互连继续向超大容量、高集成度、低功耗和低成本方向演进；横向上光子集成将在人工智能、高性能计算、量子通信、智能网联汽车、先进制造等信息通信产业内外部持续拓展应用。

　　光电融合成为推动信息技术继续向前进步的关键途径。随着摩尔定律持续逼近物理与工艺极限，以及电子信息技术面临严峻的带宽、能耗挑战，通过充分发挥信息光子技术的大带宽、高速率、低能耗优势，光电融合将在连接/传输、路由/交换、计算/处理等信息领域的各方面发挥重要作用。

　　本专题围绕微电子和光电子领域创新活跃、发展潜力大的重点技术方向展开研究，涵盖制造工艺、先进封装与芯粒、新型存储与存算一体、高速光模块、硅基光子集成、混合集成等热点方向，主要内容包括该领域的全球发展态势、我国发展现状、我国未来展望、业界热点亮点、领域年度热词等部分，并对光电融合的紧迫性、意义和前景进行了相关探讨。

指导组名单

姓名	工作单位	职务/职称
陈良惠	中国科学院半导体研究所	院士
邓中翰	北京中星微电子有限公司	院士
吴汉明	浙江大学微纳电子学院	院士
余少华	鹏城实验室、中国信息通信科技集团有限公司	院士
罗毅	清华大学电子工程系	院士

注：排名不分先后

专家组名单

姓名	工作单位	职务/职称
余少华	鹏城实验室、中国信息通信科技集团有限公司	院士
周兰	中国信息通信研究院	副主任/高级工程师
张新全	中国信息通信科技集团有限公司	教授级高工
何炜	中国信息通信科技集团有限公司	高级工程师
陈亮	中国信息通信科技集团有限公司	高级工程师
肖希	国家信息光电子创新中心	教授级高工
邸绍岩	中国信息通信研究院	工程师
王骏成	中国信息通信研究院	副主任/高级工程师
王昊	中国信息通信研究院	博士
丛瑛瑛	中国信息通信研究院	博士/高级工程师
黄璜	中国信息通信研究院	博士
张乾	中国信息通信研究院	博士
王翰华	中国信息通信研究院	博士
胡强高	武汉光迅科技股份有限公司	教授级高工
郑彦升	国家信息光电子创新中心	高级工程师
王磊	国家信息光电子创新中心	高级工程师
陈代高	国家信息光电子创新中心	博士

注：排名不分先后

目　　录

第1章　全球微电子光电子发展形势

1.1　全链条多要素推动微电子持续升级

微电子领域重大科技突破如图 1.1 所示。

1.1.1　半导体行业仍处在高速增长阶段

全球半导体市场迎来爆发式增长。在全球经济复苏和疫情刺激线上消费需求的大背景下，电子信息产品销售反弹，带动上游半导体市场的高速上涨。整体来看，据研究机构 IC Insights 统计数据，2021 年全球半导体市场规模提升至 6,139 亿美元，同比增幅高达 25%；预计 2022 年，全球半导体市场规模将进一步提升至 6,806 亿美元，同比增幅近 11%，市场前景可期。从细分领域看，半导体行业主要分为集成电路、传感器、分立半导体、光电子器件等四个部分，2021 年全球集成电路、传感器、分立半导体和光电子器件的市场规模分别为 5,098 亿美元、209 亿美元、350 亿美元、484 亿美元，同比增幅分别为 26%、27%、26%、10%，传感器、分立半导体、光电子器件销售额占整体半导体市场销售额的近 17%，占比不断提升。从行业投资看，行业数字化转型和经济反弹对半导体组件需求上涨，带动 2021 年全球半导体企业资本支出表现更加活跃，共投入资金达到 1,521 亿美元，规模同比增幅超过 1/3，预计 2022 年

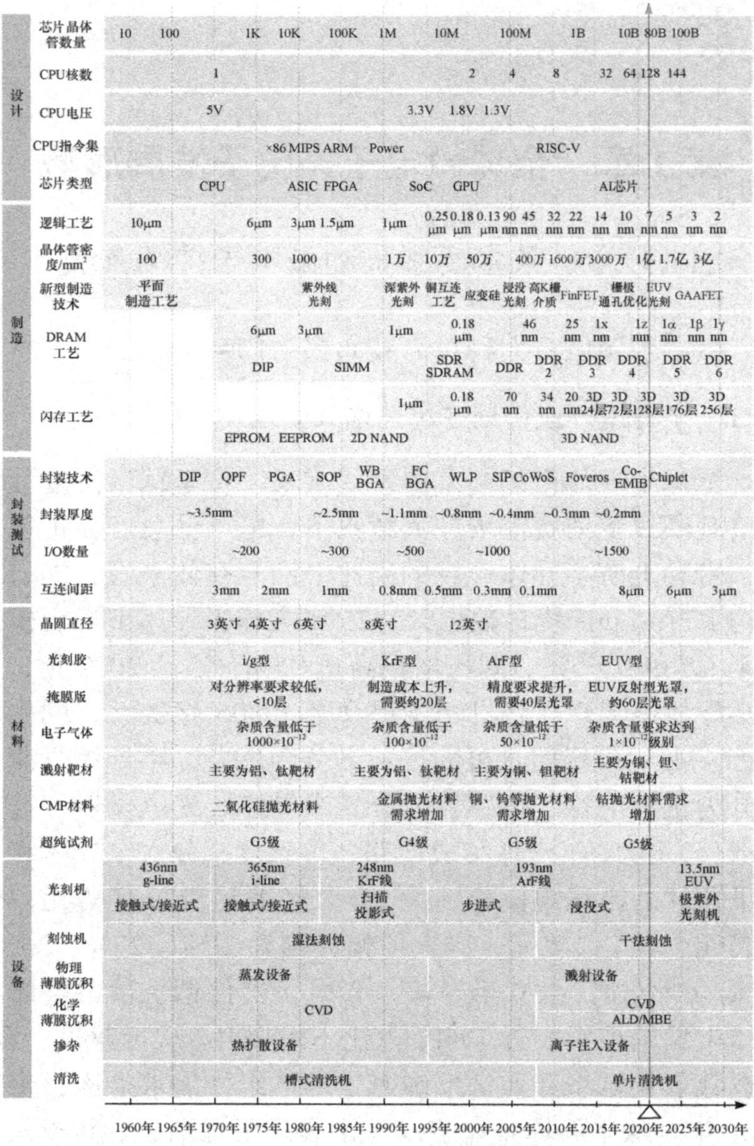

设计

芯片晶体管数量	10 100 1K 10K 100K 1M 10M 100M 1B 10B 80B 100B
CPU核数	1 2 4 8 32 64 128 144
CPU电压	5V 3.3V 1.8V 1.3V
CPU指令集	×86 MIPS ARM Power RISC-V
芯片类型	CPU ASIC FPGA SoC GPU AL芯片

制造

逻辑工艺	10μm 6μm 3μm 1.5μm 1μm 0.25μm 0.18μm 0.13μm 90nm 45nm 32nm 22nm 14nm 10nm 7nm 5nm 3nm 2nm
晶体管密度/mm²	100 300 1000 1万 10万 50万 400万 1600万 3000万 1亿 1.7亿 3亿
新型制造技术	平面制造工艺 / 紫外线光刻 / 深紫外光刻 铜互连工艺 应变硅 浸投光刻 高K栅介质 FinFET 栅极通孔优化光刻 栅极EUV光刻 GAAFET
DRAM工艺	6μm 3μm 1μm 0.18μm 46 25 1x 1z 1α 1β 1γ; DIP SIMM SDR SDRAM DDR DDR2 DDR3 DDR4 DDR5 DDR6
闪存工艺	1μm 0.18μm 70nm 34nm 20 3D24层 3D72层 3D128层 3D176层 3D256层; EPROM EEPROM 2D NAND 3D NAND

封装测试

封装技术	DIP QPF PGA SOP WB BGA FC BGA WLP SIP CoWoS Foveros Co-EMIB Chiplet
封装厚度	~3.5mm ~2.5mm ~1.1mm ~0.8mm ~0.4mm ~0.3mm ~0.2mm
I/O数量	~200 ~300 ~500 ~1000 ~1500
互连间距	3mm 2mm 1mm 0.8mm 0.5mm 0.3mm 0.1mm 8μm 6μm 3μm

材料

晶圆直径	3英寸 4英寸 6英寸 8英寸 12英寸
光刻胶	i/g型 KrF型 ArF型 EUV型
掩膜版	对分辨率要求较低，<10层 / 制造成本上升，需要约20层 / 精度要求提升，需要40层光罩 / EUV反射型光罩，约60层光罩
电子气体	杂质含量低于 1000×10^{-12} / 杂质含量低于 100×10^{-12} / 杂质含量低于 50×10^{-12} / 杂质含量达到 1×10^{-12} 级别
溅射靶材	主要为铝、钛靶材 / 主要为铝、钛靶材 / 主要为铜、钽靶材 / 主要为铜、钽、钴靶材
CMP材料	二氧化硅抛光材料 / 金属抛光材料需求增加 / 铜、钨等抛光材料需求增加 / 钴抛光材料需求增加
超纯试剂	G3级 G4级 G5级 G5级

设备

光刻机	436nm g-line / 365nm i-line / 248nm KrF线 / 193nm ArF线 / 13.5nm EUV; 接触式/接近式 接触式/接近式 扫描投影式 步进式 浸没式 极紫外光刻机
刻蚀机	湿法刻蚀 / 干法刻蚀
物理薄膜沉积	蒸发设备 / 溅射设备
化学薄膜沉积	CVD / CVD ALD/MBE
掺杂	热扩散设备 / 离子注入设备
清洗	槽式清洗机 / 单片清洗机

1960年 1965年 1970年 1975年 1980年 1985年 1990年 1995年 2000年 2005年 2010年 2015年 2020年 2025年 2030年

图 1.1 微电子领域重大科技突破总览

将进一步增长至 1,904 亿美元，接近 2,000 亿美元规模，同比增幅达到 24%。

　　领先半导体厂商格局再次调整。据研究机构 IC Insights 统计数据，如表 1.1 所示，2021 年全球营收排行前 10 半导体供应商包括 6 家美国企业、2 家韩国企业、2 家中国台湾地区企业，销售额总计约 3,900 亿美元，同比增长达到 26%。其中，受到存储器市场复苏和需求高涨的助力，三星在 2021 年以超过 800 亿美元的营收和 33% 的增长，再次取代英特尔重回全球半导体供应商霸主地位。英特尔销售业绩表现相对平淡，2021 年全年销售额较 2020 年仅增长 1%，位列第 2 位。台积电作为唯一的纯晶圆代工厂，凭借 568 亿美元的收入稳坐第 3 位。海力士、美光和高通则以超过 30% 的同比增速，分别维持第 4 至 6 位排名。联发科受惠于智能手机芯片市场的增长，排名相比 2020 年上升 3 位，位列第 9 位。此外，在全球营收排行前 25 的供应商中，美国拥有 13 家，欧洲和日本各 3 家，韩国 2 家，中国 4 家（其中 1 家位于大陆，3 家位于台湾省）。其中，中国大陆晶圆代工厂中芯国际凭借 54.4 亿美元的销售额，位列供应商名单第 25 位，相比于 2020 年，实现 39% 的同比增长。2021 年华为海思未进入排行前 25 名单中。

表 1.1　2021 年全球营收排行前 10 半导体供应商
（引自研究机构 IC Insights）

2021 年排名	2020 年排名	企业	国家及地区	2021 年营收（百万美元）	2021 年同比增长率
1	2	三星	韩国	80,019	33%
2	1	英特尔	美国	76,742	1%

续表

2021 年排名	2020 年排名	企业	国家及地区	2021 年营收(百万美元)	2021 年同比增长率
3	3	台积电	中国台湾地区	56,840	25%
4	4	海力士	韩国	37,433	38%
5	5	美光	美国	29,922	33%
6	6	高通	美国	29,333	52%
7	8	英伟达	美国	23,168	58%
8	7	博通	美国	20,963	18%
9	12	联发科	中国台湾地区	17,667	61%
10	9	德州仪器	美国	17,315	28%
			总计	389,402	26%

全球半导体领域并购热度略减。据研究机构 IC Insights 统计数据,自 2020 年全球半导体行业并购金额创下近 1,200 亿美元新高后,行业并购态势趋缓,主要以中小型并购为主,如图 1.2 所示。2021 年 1~8 月全球半导体行业并购交易总额达到 220 亿美元,有 14 家半导体公司宣布并购计划,其中多起并购的宣布时间集中在第三季度,主要包括瑞萨以 59 亿美元收购英国公司 Dialog、高通以 45 亿美元收购自动驾驶公司 Veoneer、美满以 11 亿美元收购网络芯片初创公司 Innovium、安森美以 4.15 亿美元收购美国碳化硅(SiC)公司 GT Advanced Technologies 等。

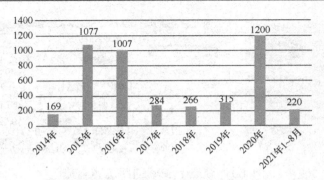

图 1.2　近年全球半导体行业并购情况(引自研究机构 IC Insights)

1.1.2　半导体全链条技术创新活跃

1. 总体情况

总体来看，未来微电子技术将沿着图 1.3 所示的"摩尔定律"、"超越摩尔定律"以及"后摩尔"三个方向持续演进。电气与电子工程师协会(Institute of Electrical and Electronics Engineers，IEEE)在 2021 年发布的国际集成电路发展路线图(International Roadmap for Devices and Systems，IRDS)中从系统与架构(systems and architectures)、延续摩尔(more Moore)、系统外部互联(outside system connectivity)、后摩尔(beyond CMOS)、超越摩尔(more than Moore)、光刻(lithography)、量子信息处理(quantum information processing)、测量(metrology)、产率提升(yield enhancement)、工厂集成(factory integration)等 10 个方面对未来 15 年全球微电子技术做出规划和展望[1]。

系统与架构方面，重点围绕云系统、移动设备、物联网设备和信息物理系统四大领域加速升级。第一，云边端

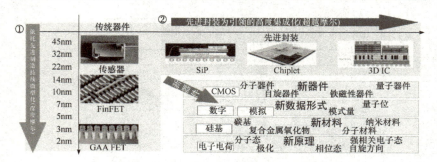

图 1.3　微电子领域创新总体态势

协同设计成为趋势。边缘侧数据快速激增和泛终端平台逐渐普及，将加速覆盖云边端的不同层级、不同算力间深度融合和体系打通，因此将四类计算系统作为统一整体而非离散体进行综合设计将成为重要发展方向。第二，人工智能和增强现实作为计算技术创新发展和市场增长的新型驱动力，已成为集成在计算系统中的重要功能模块，将显著提升系统对于大规模数据流分析和多方信息协作交互的处理能力。第三，新技术加速系统架构创新。专用计算架构、新型非易失性存储、芯粒(Chiplet)集成、2.5D/3D 封装等先进技术进一步加速计算架构异构化、多元化演进，硅基光子开关、光通信有效降低传输时延和提升系统扩展能力，RISC-V 指令集和其他开源硬件项目开发将推进计算系统架构向更加专业灵活、开放创新路线发展，并对管理众多异构性硬件系统的应用程序和基础软件开发形成挑战。第四，新型计算系统持续涌现。随着互补金属氧化物半导体(complementary metal oxide semiconductor，CMOS)晶体管等效缩放优势逐渐减弱，碳纳米管、有机和无机材料网络以及量子计算、类脑计算、低温计算等新材料、新理论、新方法成为关注热点领域，有望持续推进计算系统功率缩放。

延续摩尔方面，逻辑工艺和存储工艺是未来路线演进的重点。第一，尺寸微缩预计将在 2028 年左右放缓，极紫外（extreme ultra-violet，EUV）技术成为尺寸微缩的重要推动者，设计-工艺协同优化技术将进一步助力晶体管密度的提高。2028 年后 3D 集成、基于超越摩尔的片上系统(system on chip，SoC)逐步实现应用，3D 集成的主要挑战是如何对系统进行分区以更好地实现内存、模拟和输入输出(input/output，I/O)间的协同，引入低 K 器件间隔是 2028 年前改善节点性能的主要因素。第二，动态随机存取存储器(dynamic random access memory，DRAM)现有的技术微缩路线是建立在存储容量和单位晶体管性能平稳进步的基础上的，若微缩的效率与引入新技术相比变差，DRAM 将转向采用 3D 单元堆叠结构或新的 DRAM 概念。第三，阈值电压分布的可控性限制使得二维闪存密度不能通过持续微缩来无限增加，通过垂直堆叠存储层来提高闪存密度仍然是技术升级主要方向，互连的增加和阵列效率的降低是主要挑战，目前 96 层和 128 层已在可量产阶段，实现 192 层和 256 层的可能性也较大。第四，各类非遗失性存储产品(non-volatile memory，NVM)前景有差异，铁电随机存取存储器(ferroelectric RAM，FeRAM)具备快速、低功耗和低电压的特点，可应用于射频识别(radio frequency identification，RFID)、智能卡、身份识别(identity document，ID)卡和其他嵌入式应用，近期二氧化铪(HfO_2)铁电效应晶体管的提出使得基于 FeRAM 形成类似于闪存的 1TB 单元成为可能，发展成熟后可以作为低功耗且快速的类似闪存的存储器；采用自旋转移矩磁存储器(STT magnetoresistive random access memory, STT-MRAM)取代独立的 NAND 闪存仍有较大差距，但可作为替代嵌入式闪存(NOR)的潜在解决方案，对于低功耗物联网领域而言更有应用优势；待提升稳定性后，基于新型 3D 堆叠架构的可变电阻式存储器(resistance random access memories, ReRAM)会取得快速进展。

光刻方面，DRAM 和逻辑工艺是推动更先进光刻技术的重要力量，目前 EUV 已应用于先进逻辑工艺中，并有望在不久的将来用于 DRAM 生产。现阶段 EUV 的重要挑战主要来自随机性缺陷，集成电路制造企业通过采取更慢的抗蚀剂来解决关键尺寸变小所带来的随机性和缺陷性问题。对于光刻而言，更高功率的 EUV 光源以及新型的抗蚀剂材料将是必要的，到 2028 年光刻分辨率的提高仍是重点努力方向。长期来看，光刻所面临的挑战将与刻蚀、沉积等相关，而不仅仅是最小分辨率。

超越摩尔方面，围绕智能传感、智能高压器件、能量获取系统、可穿戴及柔性电子等方面的创新升级是重点。第一，智能传感器(smart sensor)向多种功能集成、支持云应用、拥有自供电系统并足够便携演进，未来随着微机电系统(micro-electro-mechanical system, MEMS)工艺的不断成熟，传感器的尺寸、工作模式等将因其功能的不同而实现个性化的发展，不同类型传感器之间的差别将逐渐拉大，运动传感器、压力传感器、高级辅助驾驶系统、环境传感器、农业食品传感器、医疗和保健用传感器、分子诊断、基于原生 CMOS 的物理传感器接口等领域将成为未来传感技术的主流发展方向。第二，智能高压器件(smart energy)具备利用并控制电力能源代替机械、液压或内燃机等传统设施的能力，主要包括基于宽带隙半导体材料的新型高效功率器件、新型硅基功率器件、基于新型宽禁带材料的超高压电源管理器件、超低功耗电源管理器件等，碳化硅、氮化镓等宽禁带、耐高压材料将被广泛应用，此外氧化镓、氮化铝、金刚石等新型材料也有望得到应用。第三，面向太阳光、热能、射频功率、机械振动等多种能量的能量获取系统(energy harvesting)至关重要，未来机械能转化、热能转化、光能转化、射频能量转化、能量存储以及微能量管理等器件将成为未来能量获取领域的发展重点。第四，可穿戴及柔性打印电子器件取得了长足进步，部分成熟的器件已经成功产业化，如有机电激光显示(organic electroluminescence display，OLED)、铟镓锌氧化物(indium gallium zinc oxide，IGZO)等，但目前大部分典型器件仍在不断研发中，其重点是提高适用于柔性电子设备的器件性能和稳定性，如基于氧元素或基于有机材料的器件等。

后摩尔方面，通过新型器件、新型制造技术和新型架构等多方面探索突破传统 CMOS 微缩路线的潜在解决方案。新型器件方面，目前还未有可与互补式金氧半场效电晶体管竞争的器件，但具有更高可扩展性和性能的低功耗器件仍是重点，衡量计算状态的物理量、信息交互机制、散热管理是三大探索方向。第一，突破以电子电荷衡量计算状态的传统范式，探索使用自旋、相位、多极定向、机械位置、极性、轨道对称性、磁通量量子、分子构型和其他量子态作为计算状态变量。第二，探索信息通信处理元件互联的新型能量交互机制，这些能量交互机制可以基于短程相互作用，例如量子交换/双交换相互作用、电子跃迁、偶极子耦合、隧穿效应和相干声子等。第三，探索应用非热平衡系统，通过在运行过程中与周围环境保持非热平衡状态，从而减少因与环境的热相互作用对系统中存储的信息产生扰动，并在保持信息完整性的同时，降低计算能耗。与此同时，探索在器件内通过操纵晶格声子进行能量传输和散热来实现纳米级热管理。新型制造技术方面，探索亚光刻制造工艺，比如纳米级的定向自组装，适用于非规则的、分层的器件结构，并能够在大批量制造过程中保持均一性。新型架构方面，探索利用 CMOS 以外的新型器件，通过在单个芯片内布置嵌入式计算组件来实现独特的计算存储功能。

2. 制造工艺

7 纳米及以下制程集成电路产能占比逐步升高，头部垂直整合制造(integrated design and manufacture, IDM)企业开始采用代工服务。据研究机构 IC Insights 统计数据，2021 年全球集成电路晶圆产能达到 2.42 亿片(8 英寸晶圆等效值)，同比增长约 11%，产能利用率为 93.8%，达到 20 年以来的最高峰。据研究机构 Knometa Researcht 统计数据，2021 年全球市场对 28 纳米及以上制程产能需求稳中有升，7 纳米及以下先进制程产能增长迅速，10 纳米至 20 纳米制程产能缩小。2021 年，全球 7 纳米以下先进制程产能占比达到 36.5%，产能较 2020 年增长约 19%，处于产能爬坡期；

28 纳米以上成熟制程产能随总产能的提高稳步增长，约占总产能的 44%，与 2020 年相比这一比例几乎不变；受到 7 纳米以下先进制程冲击，10 纳米至 20 纳米的次先进制程产能不升反降，使全球集成电路产能向先进与成熟两端聚集。经营模式方面，作为 IDM 模式企业的代表，英特尔和三星也开始转向使用其他厂商的代工服务。英特尔在 2021 年提出 "IDM 2.0" 战略，将部分产品线交由代工企业生产，并已于 2021 年末披露了由台积电代工的图形处理器 (graphics processing unit, GPU) 芯片产品。同时英特尔还成立了代工服务事业部，并开始导入高通等芯片设计企业的代工业务；三星也不再坚持全部芯片产品都由自家代工厂生产的模式，2021 年开始将图像处理芯片和显示驱动芯片等部分 28 纳米制程芯片产品转由联电代工，增强供应链稳定性。

摩尔定律生命周期仍在持续延续。5 纳米制程工艺持续优化，3 纳米启动风险量产工作，2 纳米研发工作已经启动，台积电、三星、英特尔等龙头企业遵循各自原定发展路线深化推进，具体情况如下。

台积电保持稳步升级态势，第二代 5 纳米工艺已投入量产，被苹果 A15 芯片采用；4 纳米工艺也在 2021 年末开始风险量产，4 纳米工艺增强版则计划在 2022 年投产；在 3 纳米制程仍沿用鳍式场效应晶体管 (fin field-effect transistor, FinFET) 技术，计划在 2022 年推动 3 纳米芯片量产，2023 年实现增强版 3 纳米工艺量产，晶体管密度较第一代降低了约 8%，所需的光刻层数从 25 层缩减至 21 层，制造良率更高，目前台积电估计其 3 纳米节点的密度至少可为英特尔最新 10 纳米节点的两倍，3 纳米工艺的如期量产对于台积电争取苹果 A 系列芯片订单十分重要；2 纳米节点开始采用围栅纳米片结构[2]，将于 2024 年量产。

三星以新器件应用抢占发展先机，2021 年发布了 4 纳米工艺，并已由高通骁龙 8 Gen 1 芯片采用；三星在 3 纳米节点选择采用围栅纳米片结构，目前已基于多桥-通道场效应管 (multi-bridge-channel field effect transistor，MBCFET)技术实现了首款 3 纳米测试芯片，并将旗下 3 纳米工艺分为代号为 3GAE 和 3GAP 的两个版本，其中 3GAE 计划在 2022 年进行风险量产，3GAP 将在 2023 年投产；基于 MBCFET 的 2 纳米工艺计划 2025 年投产；与此同时，还与 IBM 合作开展了新一代垂直传输场效应晶体管 (vertical transport field effect transistor，VTFET)工艺研发工作[3]。

英特尔重新规划工艺升级路线，目前该公司最先进的 Intel 7 制程在晶体管密度上与台积电 7 纳米相当，后续的 Intel 4 和 Intel 3 制程则分别计划在 2022 年与 2023 年投产；英特尔发布的 20A 工艺将使用全环绕栅极(gate-all-around，GAA)晶体管结构，计划投产时间为 2024 年；18A 工艺将采用基于围栅结构的带状场效应晶体管(ribbon field-effect transistor，RibbonFET)，计划 2025 年投产。

3 纳米工艺良率未达预期，先进制程升级仍存较大挑战。三星因为先进工艺的低良率问题备受关注，台积电 3 纳米制程良率也面临较大挑战，其收益率仍然低于预期，目前台积电正通过对 3 纳米代工方案进行修改以找到良率的最佳点，推出 N3E 方案，并计划在 2022 年下半年推出

N3B 投入生产。目前因 3 纳米良率问题依然较大，企业对 5 纳米工艺节点的使用需求不断加大，台积电已将 5 纳米芯片产量从 12 万片/月提高到 15 万片/月，占总产能比例将超过 20%。

3. 存储工艺

DRAM 和 NAND 闪存成为市场主流，NAND 闪存巨头企业整合兼并加剧。2021 年全球存储芯片市场中，DRAM 内存和 NAND 闪存两者占据了全球存储芯片总收入市场份额的 97%，占比较 2020 年提高了 2 个百分点，在其他存储芯片种类中，除 NOR 闪存占有 2%的份额外，其他各类存储器芯片收入总和仅占有 1%的市场份额。DRAM 内存产业在 5G、数据中心、云计算等需求推动下，年出货量自 2018 年起连续 4 年保持了上涨趋势，2021 年全球 DRAM 芯片出货量达到 219 亿颗，同比上涨 13%，市场规模达到 942 亿美元，同比上涨 39%。三星、海力士和美光三家企业在国际 DRAM 存储器市场中占据垄断地位，在 2021 年前三季度中三家企业占据的全球市场份额分别为 43%、28%和 23%，其余所有企业总和仅占 6%。NAND 闪存市场规模在 2020 年和 2021 年增长率分别达到 25%和 22%，在 2021 年达到 674 亿美元，出货量达到 157 亿颗，同比上涨 12%。2021 年上半年国际 NAND 闪存市场中三星占据全球市场份额的 34%，位列第一；铠侠、西部数据、海力士、美光、英特尔占据的全球市场份额分别为 19%、15%、12%、11%和 7%。NAND 闪存市场主要参与者较多，但两起企业并购活动预计将使市场垄断趋势加剧。其中，海力士已在 2020 年与英特尔达成收购协议，将在 2025 年完成对英特尔闪存部门的并购，在 2021 年末该交易的第一阶段已经完成，待交易全部完成时海力士预计将占有全球 19% 的市场份额；西部数据也在 2021 年以 90 亿美元向铠侠发出收购邀请，如果收购成功，西部数据将占有 34% 的全球市场份额，市场主要参与者也将缩减至 4 家企业。

DRAM 行业逐步引入 EUV 光刻技术，结构线宽、存取速率等关键指标将持续提升。DRAM 行业开始引入 EUV 光刻机取代深紫外(deep ultra-violet，DUV)光刻机，通过提高芯片制程增加存储密度。三星 2020 年 3 月宣布开始使用 EUV 光刻机进行 1α (15 纳米以下)工艺节点的 DRAM 芯片开发，在 2021 年 10 月成功量产，最终产品使用 14 纳米制程，晶圆生产率提升 20%，功耗降低 20%，达到 DDR5 标准速率，可实现 7.2Gb/s 的超高速传输，是 DDR4 标准速率的 2 倍多；海力士在 2021 年 7 月开始使用 EUV 批量生产 1α 工艺节点的 DRAM 芯片，预期产品晶圆利用率将提高 25%，支持 DDR4 标准速率；美光则继续使用 DUV 光刻机实现了 1α 工艺 DRAM 芯片制造，存储密度比美光的 1z 工艺高 40%，功耗低 15%，但美光也已与阿斯麦(ASML)达成 EUV 光刻机购买协议，计划在 2024 年开始将 EUV 用于 DRAM 制造。从全球主要企业 DRAM 升级趋势来看，存储器及连线结构的线宽将持续缩小，预计 2022 年年底，各厂商将先后突破第四代 10 纳米工艺，即 1α 节点工艺，到 2025 年，DRAM 制造工艺将迈进 10 纳米以下工艺节点，同时存储器的存取速率将呈指数增加，预计到 2025 年，存取速率可达到 12,800 次/秒的 DDR6 标准将得以普及。我国的合肥长鑫采用了与三星、美光、海力士等国际主流厂商不同的沟槽式制造路线，实现了 DRAM 的量产与产业化。

NAND 闪存持续向三维多层化演进，3D 堆叠层数、单元存储密度等关键指标将持续提升。由于五层单元(penta level cell，PLC)技术对比四层单元(quad level cell，QLC)技术仅能使存储密度提高 25%，密度提升幅度较小，并将导致存储单元读取错误率升高[4]，因此企业普遍更关注通过堆叠技术增加存储芯片层数构造 3D NAND 的方式提高存储密度。美光在 2020 年年末率先发布了首款 176 层 3D NAND 闪存，但仅支持三层单元(triple level cell，TLC)，在 2022 年 1 月又发布了支持 QLC 的 176 层 3D NAND 闪存；三星在 2021 年发布了其第七代 176 层 V-NAND 芯片，支持 QLC 技术，计划在第八代工艺中实现 256 层；海力士在 2019 年发布了其独特的 4D NAND 工艺，将存储单元置于外围电路之上，并在 2020 年末发布了 176 层 4D NAND，但仅支持 TLC；铠侠和西部数据开展了联合研发工作，在 2021 年初发布了基于其第六代 3D NAND 工艺的 162 层闪存芯片，密度比第五代的 112 层工艺提高 40%。后续 3D 堆叠层数将持续呈指数增长，当前各厂商先后进入 176 层结构研发与产业化阶段，预计到 2025 年，3D NAND Flash 存储器堆叠层数将达到 256 层。与此同时，单元存储密度将呈线性提升，预计到 2025 年，每单元可存储 5bit 的 PLC 技术将得以应用。在制造路线方面，东芝、海力士、三星及长江存储分别提出 P-BiCS(pipe-shaped bit cost scalable)、DC-SF、TCAT 及 Xtacking 技术路线，各厂商主导的不同制造路线将长期共存。

新型非易失存储技术持续推进,并展现柔性存储潜力。表1.2为不同新型非易失存储技术特性对比,ReRAM方面,包括氧空缺存储器(oxygen vacancy memories,OxRAM)、导电桥存储器(conductive bridge memories,CBRAM)、金属离子存储器以及纳米碳管等不同技术实现。2021年,Weebit 与 CEA-Leti 研究所合作设计内存模块,将其ReRAM技术扩展到22纳米全耗尽型绝缘层上硅(fully depleted silicon-on-insulator,FD-SOI)。在闪存无法有效扩展到28纳米以下的背景下,这为新兴的非易失性存储技术提供了扩展到更高级节点的机会。相变存储器(phase change memory,PCM)方面,斯坦福大学制造出一种开关电流密度极低的柔性超晶格相变存储器。该存储器在柔性聚酰亚胺基板上制造,不需要层转移工艺。超晶格结构为12个周期交替的锑化碲(4纳米)和碲化锗(1纳米)层。超晶格下方为35纳米厚氧化铝和锡,中间有直径600纳米的孔。测量显示,50mV直流偏置条件下,相变存储器的复位电流在0.2~0.25mA之间,电阻比高达100,复位电流密度为0.1mA/cm^2,比现有柔性基板相变存储器低1个量级。这种柔性相变存储器开关电流密度极低,有望促进相变存储器在柔性电子产品领域的应用。

表 1.2　不同新型非易失存储技术特性对比

特性	PCM	ReRAM	
		CBRAM	OxRAM
可堆叠性	√	√	×
材料种类	10+	4	—

续表

特性	PCM	ReRAM	
		CBRAM	OxRAM
制程/nm	20	130	130
读出能耗/(pJ/bit)	—	24	66
读出时间/ns	115	100	3000
写入能耗/(nJ/bit)	—	1.5	8.9
写入时间/ns	50	6×10^{-4}	8.5×10^{-6}
擦写寿命	10^6	10^5	10^6
存储持久性/年	10	10	10
特性	高功耗(RESET 冷却)，温度敏感；必需多层结构(与 CMOS 兼容)；成本高，良率低	读出较慢，写入极慢；难以微缩；OxRAM 不可堆叠	

4. 先进封装

2.5D、3D 等先进封装产业化步伐加快。据研究机构 Yole Development 统计数据，全球封装测试市场将继续向着小型化、集成化、低功耗方向发展，先进封装发展增速远高于传统封装市场。2021 年全球 2.5D 和 3D 封装产业市场规模仅约为 27.4 亿美元，而前七大企业的相关资本投入就高达 119 亿美元，英特尔、台积电、三星等集成电路制造商围绕先进封装不断加大投入力度。其中英特尔 2021 年在 2.5D/3D 封装领域投入达到 35 亿美元，主要包括 2.5D 封装嵌入式多芯片互连桥接(embedded multi-die interconnect bridge，EMIB)、3D 封装 Foveros 等先进封装技术研发及产能扩建。英特尔将 3D 封装作为同步延续摩尔定律的重要选择，2021 年计划推出的 Sapphire Rapids 服务器处理器及 Ponte Vecchio 数据中心 GPU 芯片，以及开始试产的 Meteor Lake 处理器都将采用 Foveros 技术。台积电多年来持续不断加大先进封装投入力度，目前晶圆基底(chip-on-wafer-on-substrate，CoWoS)及集成扇出(integrated fan out，InFO)等 2.5D 封装技术已实现量产。日月光多年来加大扇出晶圆级基板上芯片(fan out chip-on-substrate，FOCoS)封装技术发展力度，已实现超高密度扇出解决方案。三星、安靠等在 2.5D/3D 封装领域的投资也在不断加大。整体来看，先进封装技术仍由国际龙头企业主导，该领域前五大厂累计资本支出占了全球总投资的 91%。此外，Chiplet 技术以灵活、高密度等特性，能够大幅提升晶体管密度、芯片良率，降低制造成本，成为行业创新发展的新焦点。

围绕 3D 封装的升级演进仍在持续。多芯片模块(multichip module，MCM)、CoWoS 等作为 3D 先进封装技术的典型代表，相较于全方位互连(omni-directional interconnect，ODI)技术而言，3D 封装技术的突破和量产将极大提升横向/纵向互连数目，如图 1.4 所示，也为后续 Chiplet 发展提供了技术基础。

MCM 通过将多个芯片及零部件高密度地组装后再封装，实现高密度、高可靠性的芯片产品，在延时、体积、可靠性方面具备一定优势。第一，采用高密度互连技术，其互连线较短，信号传输延时明显缩短，与单芯片表面贴装技术相比，其传输速度提高 4～6 倍，可以满足 100MHz

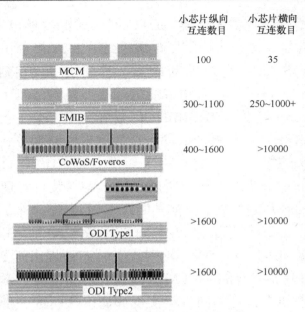

图 1.4　典型封装技术能力对比

的速度要求。第二，采用多层布线基板和裸芯片，其组装密度较高，其组装效率可达 30%，重量可减少 80%～90%。第三，MCM 集有源器件和无源器件于一体，避免了器件级封装，减少了组装层次，有效地提高了可靠性。第四，通过将数字电路、模拟电路、微波电路、功率电路以及光电器件等高效集成，实现产品的高性能和多功能化。

　　CoWoS 封装技术的基本原理是将硅芯片封装到硅转接板(中介层)上，并使用硅转接板上的高密度布线进行互连，然后再安装在封装基板上。目前台积电已经完成第五代 CoWoS 技术研发，中介层面积由最初的 700mm^2 提升至 2,500mm^2 以上，进而极大地降低了硅介质薄层电阻、硅通孔(through silicon via，TSV)引起的高频损耗。此外通过将具有深槽的高容量电容器 eDTC(嵌入式深沟槽电容器)装入硅中介层,进一步稳定了电源系统。2023 年台积电将完成 CoWoS 第六代技术的研发,中介层面积将提升至 3,400mm²,进一步提高集成能力。

Foveros 是英特尔提出的 3D 封装技术,除在已有硅基衬底上制备 TSV 通孔外,同步增加逻辑电路部分,实现逻辑对逻辑的集成,成为继 2018 年推出 EMIB 2D 封装技术之后的下一个技术飞跃。通过 Foveros 封装可实现有源基础裸片的高密度堆叠。目前其间距可做到 50 微米,后续可继续缩小至 10 微米甚至更小,每平方毫米 IO 则可以在 400 到 10,000 之间进行选择。同时,英特尔还提出将 2D 封装与 3D 封装相结合的 Co-EMIB 封装,将超过两个不同的裸片在水平和垂直等不同方向实现叠加,从而进一步提升了芯片封装的灵活度。

5. 装备材料

制造工艺的不断进步促使半导体材料相关技术快速进步。硅晶圆方面,硅片尺寸已经由集成电路诞生之初的 3 英寸,提升至目前的 12 英寸。2021 年全球硅片出货量再创历史新高,达到 140 亿平方英寸,同比增长 13.9%,未来三年,半导体硅片出货量有望继续逐年持续创下新高。18 英寸硅片正在研发过程中,有望在数年之内实现产业化。光刻胶方面,随着制造工艺光刻所用光源波长的不断缩短而逐渐更新换代,由 i/g 型光刻胶过渡至 KrF 型光刻胶,再过渡至 ArF 型光刻胶,目前 EUV 光刻胶成为 7 纳米、5 纳米以及未来 3 纳米及以下先进工艺的主流光刻胶产品。掩膜版方面，随着 EUV 光刻技术的产业化应用，光掩膜的控制图形线宽增加，图案处理技术更加复杂，反射型 EUV 光罩成为先进工艺掩膜版的主流产品。在溅射靶材和化学机械抛光材料方面，随着铜、钽、钴等新型材料不断引入集成电路工艺，各种新型材料对应的靶材与研磨材料不断推出，以适应新型工艺的各项需要。电子气体和超纯试剂方面，新型工艺对材料纯度的要求不断提升，电子气体杂质含量已从最初的 10^{-9} 提升至不高于 10^{-12}，而超纯试剂也从最初的 G3 等级提升至目前最高的 G5 等级。此外氮化镓 GaN、碳化硅 SiC 等第三代半导体因其高耐压、高频率等优质特性，在光电、微波射频以及电力电子等领域迎来爆发，目前第三代半导体器件已经迅速进入了新能源汽车、光伏逆变、5G 基站、快速充电等应用领域，碳化硅主要应用在新能源汽车和工控等领域，氮化镓器件主要应用在 5G 基站等领域。

集成电路设备稳步迭代，EUV 光刻机成为突破亮点。半导体制造设备具备技术壁垒高、单价高、垄断严重等特点，是半导体设备价值链最主要的组成部分。高端制造设备均被欧美、日本、韩国等国外厂商垄断，我国仅在测试设备领域占有一定份额。高端制造设备中，国际厂商垄断较为严重，排行前三企业均占据 80% 以上市场份额。以光刻机为例，由表 1.3 所示的光刻机设备发展历程可知，目前 EUV 光刻机成为先进工艺实现的重要保证，阿斯麦现已成为 EUV 光刻机全球独家供货商，预计首台 High-NA EUV 光刻机将在 2023 年开放测试，2024 年到 2025 年逐渐开始批量生产。与阿斯麦目前最先进的 EUV 光刻机相比，

High-NA EUV 光刻机更大、更昂贵且更复杂，采用了新颖的光学设计，具有更高的分辨率，可使芯片特征尺寸缩小 1.7 倍，芯片密度增加 2.9 倍。借助 High-NA EUV 光刻机平台，芯片制造商能进一步减少流程步骤的繁琐程度，能明显减少缺陷、成本和光刻步骤所需时间。此外，High-NA EUV 光刻机工具从 0.33 光圈镜头转变为更锐利的 0.55 光圈，更高的孔径允许在机器内部产生更宽的 EUV 光束，光束越宽，撞击晶圆时的强度就越大，从而提高光刻线条的准确度，以实现更高分辨率的图案化，从而增加密度。此外，美国应用材料公司专门为 3D NAND、DRAM 以及先进逻辑工艺打造了 Sym3 Y 系列刻蚀系统，采用创新射频脉冲技术提供极高的材料选择性、深度控制和剖面控制，使之能够在 3D NAND、DRAM 和逻辑节点(包括 FinFET 和新兴的环绕栅极架构)创建密集排列的高深宽比结构。

表 1.3　光刻机设备发展历程(中国信息通信研究院统计)

	光源	波长/nm	对应设备	最小工艺节点/nm	光刻机说明	大规模采用时间
第一代	DUV	g-line	436	接触式光刻机	800～250	易受污染、掩膜版寿命短，主要用于小规模集成电路的光刻手段	1960s
				接近式光刻机	800～250	成像精度不高，主要用于中规模集成电路光刻	1970s
第二代		i-line	365	接触式光刻机	800～250	—	1960s

续表

	光源	波长/nm	对应设备	最小工艺节点/nm	光刻机说明	大规模采用时间
第二代	i-line	365	接近式光刻机	800～250	—	1970s
第三代	KrF	248	扫描投影式光刻机	180～130	通过扫描方式完成整个曝光过程，大大增加掩膜版寿命	1975
第四代	DUV	ArF	193	步进扫描投影式光刻机	130～65	通过配置不同的曝光光源，光刻过程中掩模和硅片同步移动，并且采用了缩小投影镜头，支撑不同的工艺技术节点，是最具代表性的光刻机	1990s
			浸没式步进扫描投影光刻机	45～7	让镜头和硅片之间的空间浸泡于液体之中，由于液体的折射率大于1，通常是折射率为 1.44 的超纯水，使得激光的实际波长会大幅度缩小，从而实现更高的分辨率	2000s
第五代	EUV	13.5	极紫外光刻机	7～3 以下	将准分子激光照射在锡等靶材上，激发出 13.5nm 的光子作为光刻机光源，目前只有荷兰阿斯麦能够提供	2018

1.1.3　全球缺芯态势持续蔓延

第一，供给不足、需求爆发及突发事件共同导致全球芯片短缺。在需求侧，疫情导致芯片整体需求短期爆发。在线办公、在线教育、网络视频等数字化新业态新模式受疫情影响而快速兴起，拉动了消费电子、手机通信芯片、微控制器、个人电脑、汽车电子[5]等领域芯片需求增长[6]。同时，产业链各环节囤货行为进一步加剧了芯片短缺。在供给侧，成熟工艺产线(8 英寸及以下)供给缺口不断扩大。汽车、电源管理、工业控制以及物联网等领域芯片主要由8 英寸及以下中低端半导体产线进行生产。此外，极端天气、疫情等突发事件影响企业正常运转，如马来西亚等地先后因疫情而减少产线操作人员数量或直接停工停产，进一步加剧了芯片短缺困境。

第二，芯片短缺现象正在向全行业、全产业链持续蔓延。从行业看，据海纳国际集团研究数据，芯片平均交货周期由 2020 年年初的 12 周左右上涨至 2021 年年末的 22周以上。汽车电子方面，全球汽车芯片市场增速较为平稳，但供需剪刀差日益增大。近年全球汽车芯片市场规模不断增长，由 2014 年的 290 亿美元增加至 2019 年的 465 亿美元，年复合增长率为 9.9%。据前瞻产业研究院数据，2020年受疫情影响，全球汽车芯片市场规模有所下降，约为 460亿美元。从 2020 年年底至今，汽车市场出现报复性反弹，导致汽车芯片短缺和供需失衡。据罗兰贝格预测，从 2020年第四季度开始，汽车芯片需求年增长率为 17%，而供应量年增长率仅为 6%，短期内汽车缺芯问题依然严峻。2021年全球汽车产能将有 15%的订单受到缺芯影响，提车周期普遍从 1～2 周延长至 1～2 个月。移动终端方面，采用 8 英寸晶圆生产的电源管理、射频器件、驱动芯片、传感器等缺口尤为严重，供货周期从 3 个月延长到 12 个月。从产业链看，芯片制造环节最为紧缺的是 8 英寸产线的 65 纳米及以上相关成熟工艺代工，涉及产品包括微处理器(microcontroller unit，MCU)、射频、电源管理芯片、驱动芯片、摄像头芯片等。掩模版等上游半导体材料产能供不应求，芯片载板供货周期已经由 1 个月延长至 6 个月左右。封装、测试等产业链下游相关环节产能需求也在同步提升，引线键合等部分封装方式的交货时间由 2～3 个月提升到 10～12 个月。

第三，需求增速稳定、产能大幅提升，缺芯局面将逐步缓解。需求方面，芯片需求在 2020～2021 年已得到充分释放，未来 2～3 年将基本保持稳定。统计机构预测数据显示，从 2022 年开始，智能手机需求增速将放缓至 5%以下，计算机需求将出现负增长，芯片整体需求将在未来 2～3 年保持稳定。供给方面，未来 2 年内，随着新建晶圆厂相继实现大规模量产，缺芯局面将逐步得到缓解。2021 年和 2022 年全球开工建设的晶圆厂共计 30 余家。新建晶圆厂实现量产全程耗时约 2 年，其中 300 毫米晶圆厂将占大部分，预计数量为 15 个，其余是 100 毫米、150 毫米和 200 毫米晶圆厂。预计新建晶圆厂将提供 260 万片/月(8 英寸等效)的产能，带动全球产能提升 13%，有效缓解缺芯问题。

1.1.4　半导体供应链加速重构重塑

全球领先国家加快本土半导体供应链建设，以提升芯片供给能力。美国方面，先后出台《美国芯片法》(CHIPS for America Act)、《2021 美国创新与竞争法案》(American Innovation and Competitiveness Act)等多项扶持计划，分别包括为半导体制造和研发拨款 500 亿美元，及对半导体产业提供 520 亿美元的指定拨款，意在加强美国本土的集成电路制造能力建设。美国政府大力推动美国企业和其他国家及地区的企业在美建设工厂，英特尔制定 IDM2.0 战略后，投资 200 亿美元，计划在亚利桑那州新建两座晶圆厂；中国台湾地区企业台积电也赴美建立 5 纳米半导体代工厂，整体投入达 120 亿美元，预计 2024 年投产。日本方面，政府计划为日本新能源产业技术综合开发机构提供数千亿日元的资金库，为在日本本土建立的芯片工厂提供补贴。台积电已宣布计划投资 1 万亿日元在日本新建一座工厂，工艺节点主要为 22 纳米和 28 纳米，面向汽车、相机传感器和其他受全球芯片短缺影响的芯片品类，日本政府补助一半建厂费用，预计将于 2022 年启动，2024 年投产，可提供 4.5 万片/月 12 英寸晶圆的产能。美光将在日本投资 8000 亿日元，用于 DRAM 生产线建设，预计在 2024 年投入运营，日本政府同样将给予部分资金支持。欧盟方面，欧盟委员会公布《芯片法案》，主要包括欧洲芯片倡议、确保供应安全的新框架、欧盟层面的协调机制三部分内容，计划投入超过 430 亿欧元公共和私有资金，用于支持芯片生产、试点项目和初创企业，主要目标是吸引"大型芯片项目"投资，希望将欧盟地区的芯片产能占比从目前的 10%，提高到 2030 年的 20%。未来 10 年规划投资 800 亿欧元，打造 2 座芯片厂，以满足电脑、汽车和各类智能产品的芯片生产需求。韩国方面，提出"K 半导体战略"，宣布未来 10 年联合三星、海力士等 153 家韩国企业，投资510 万亿韩元，将韩国建设成全球最大的半导体生产基地。此外，还提出半导体材料国产化战略，对未来工业材料和纳米科技的公共投资超过 2000 亿韩元，重点聚焦于购买原厂技术、扩大研发基础设施，以及建立强健的商业生态系。

1.1.5　围绕新兴方向深化拓展研究创新

自 21 世纪以来，围绕新材料、新器件、新结构等的科研创新仍在不断拓展，为半导体技术的持续升级注入新活力。

新材料领域，化合物半导体材料、二维半导体材料、碳基半导体材料等成为科研热点。化合物半导体材料方面，浙江大学和麻省理工学院研究团队[7]实现了砷化铟镓(InGaAs)晶体管制备，研究发现该种合金材料具有制造更小、更节能的晶体管的潜力，InGaAs 晶体管可以快速处理信号，从而加快计算速度，同时该种材料制造的晶体管可以在相对较低的电压下运行，以提高计算机的能源效率。二维半导体材料方面，清华大学[8]成功制备了具有垂直结构的超小型二硫化钼(MoS₂)晶体管，首次实现了 0.34 纳米的有效栅极长度，以 MoS₂ 等为代表的二维半导体材料不仅具有优异的光、电、机械性能，而且具有超薄透明的物理特性，最薄可以做到只有一个原子层厚度，非常适用于制备更轻、更薄、更快、更灵敏的电子学器件。碳基半导体材料方面，北京大学[9]采用双色散筛选和二元液体界面取向工艺，实现基于高纯度碳纳米管阵列的射频晶体管，极大推动了碳纳米管在高频器件领域的研究进展，进一步激励研究人员探索太赫兹基碳纳米管器件及其内在弹道输运机制。

新器件领域，围绕新型存储器件的创新不断涌现。阻变存储器方面，中国科学院微电子研究所[10]近年来对阻变器件进行了深入研究，在阻变存储器性能优化、3D 阻变存储器阵列及芯片集成、阻变存储器的嵌入式应用等方面取得一系列研究成果，率先对氧化铪基阻变存储器中细丝环境的动态演变行为进行了原子级分析，证明了非晶氧化铪基阻变存储器的导电细丝系统为核壳结构，其核心为金属性导电细丝，细丝壳层环境为绝缘性的结晶态 HfO_2。相变存储器方面，为应对其耗电量大等挑战，斯坦福大学[11]设计了一种利用纳米级存储材料制成的超晶格、孔隙单元(将超晶格层填充到其中的纳米级孔)和隔热柔性基板，新器件在柔性基板上将编程电流密度降低了 10 倍，在刚性硅上降低了 100 倍，显著提高了相变存储器件的能源效率，使得相变存储器具备了可以嵌入到柔性塑料基板上的条件，进而可用于曲面智能手机、可穿戴身体传感器和其他电池供电的移动电子产品中。自旋存储方面，北京航空航天大学[12]提出并实验演示了一种三端磁存储器件，实现了抗外磁场数据存储和 10 纳秒无磁场数据写入，为实现高性能磁存储芯片提供了一条新的技术路径。北京航空航天大学[13]还提出了一种基于自旋纳米振荡器的真随机数发生器，实现了可调概率输出，并提出了新颖的递推耦合规则，采用单个器件时分复用完成了基于伊辛模型的概率计算。

新结构领域，基于先进 3D 封装实现更高集成的研究创新逐渐深入。目前，虽然以 TSV 为代表的 3D 集成技术已经成熟，但是 3D 集成的通孔间距仍然较大，在 10 微米数量级。为了能进一步提升 3D 集成密度，麻省理工学院和斯坦福大学团队[14]提出碳纳米管技术，其重要优势是可以实现超高密度 3D 堆叠通孔，通孔间距可缩小至 100 纳米，比目前的 TSV 通孔间距缩小了两个数量级。基于该集成技术，斯坦福大学进一步提出 N3XT 方案，即基于纳米工程的计算系统技术，利用该技术可将数字逻辑芯片、高密度存储器、碳纳米管计算逻辑等多种使用不同工艺实现的芯片层进行组合，实现超大规模的异构集成。与此同时，英特尔[15]也正致力于先进封装的研发工作，以实现亚 10 微米的凸点间距，从而使 3D 堆叠的互连密度提高一个数量级以上。

1.2　集成引领光电子技术快速发展

1.2.1　集成是光电子发展热点，美欧日积极布局

实现超高速、高性能、低功耗、多功能、高密度光电子器件是光电子领域面临的重要挑战，发展光子集成、光电集成和光电融合等技术是应对光电子领域挑战的重要技术途径[16]。为充分发挥光子优势，以光电融合破解信息技术领域遭遇的能耗、带宽、速率瓶颈，光电子正从分离器件向集成化方向发展，如图 1.5 所示。光电子集成，是通过合理的优化、设计、工艺，将多个光电子器件(如激光器、光调制器、光探测器、解复用器等)进行一体化集成。

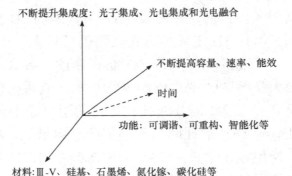

图 1.5　信息光电子发展趋势

发展光电子集成，是光电子自身技术进步的需要。信息领域硬件的一个典型特征，是基础元器件的工艺尺寸持续缩小。理查德·费曼在 1959 年关于"底层有足够空间 (There's Plenty of Room at the Bottom)"的报告，打开了微纳技术之门。从分离器件走向集成器件的电子技术数十年来基本遵从摩尔定律实现指数级进步，最先进微纳制造工艺的特征尺寸已达到 7 纳米、5 纳米、3 纳米[17]。光电子集成技术的发展，将为光电子带来成本、可靠性、体积、性能等方面的指数级跃升。

发展光电子集成，是信息技术继续进步的需要。信息领域正面临日益逼近的能耗、带宽、速率瓶颈。2015 年，摩尔本人预测，摩尔定律或将于 2025 年终结。国际半导体技术路线图 (International Technology Roadmap for Semiconductors，ITRS)组织也已在 2014 年宣布，不再依照摩尔定律制订电子集成技术路线图。光电子集成能够以光子的能耗、带宽等优势为基础，带来成本、性能的持续改善，因而成为业界关于超越摩尔定律的探讨热点，成为信息技术继续进步的关键。比如，由于当前芯片内部、芯片之间采用电连接，其功耗占比已超过芯片总功耗的 60%，使得芯片已趋近散热极限。所以，通过光电子集成将光连接引入芯片内部和芯片之间，是当前的研究热点[18]。

光电子集成的发展已成为业界共识，美欧日等积极布局。密歇根大学材料学家 Arnab Hazari 等科学家认为，"与光子学结合的芯片技术，将成为电子行业的未来"。2014年，美国提出光子集成技术国家战略，投入 6.5 亿美元于 2015 年成立美国集成光子制造研究院(American Institute for Manufacturing Integrated Photonics，AIM Photonics)。AIM Photonics 是美国国防部管理的九个制造创新研究所之一，2021 年 11 月美国空军研究实验室等机构对其增加投入 3.21 亿美元，以加快培育美国的硅光子产业生态，提升美国光电子制造能力。近些年美国国防高级研究计划局(Defense Advanced Research Projects Agency，DARPA)和国家科学基金会资助了多个光电子集成相关的重大研究计划。在 2017 年 DARPA 提出的 15 亿美元电子复兴计划(Electronics Resurgence Initiative，ERI)中，光电子集成是其重要研究内容。比如属于 ERI 计划的项目极端可扩展性的封装内光子技术(Photonics in the Package for Extreme Scalability，PIPES)，其目标是将基于光电子集成的光子 I/O 嵌入处理器芯片，利用所带来的极端可扩展能力(所封装的光子 I/O 带宽提高 100 倍,功耗降低 100 倍,距离提升 10,000 倍)消除数据互连的空间局限性，以实现信息系统解耦(支持跨多机架规模的分布式架构)。为打造硅基光子集成的完整产业链，2013 年欧盟开展实施了制造光子库和技术 (Photonic Libraries and Technology for Manufacturing，PLAT4M)项目，位于比利时的校际微电子研究中心 (Inter-university MicroElectronics Centre，IMEC)已成为欧洲乃至全球最重要的光电子集成材料、装备、设计、制造和测试等方面的研究机构之一。日本将光电子产业发展上升为国家战略，通产省联合龙头企业发起光电子基础研究计划，为相关企业基础研究提供 30%的研发资金。日本将基于光电子集成的光电融合置于重要地位，计划于 2025 年实现片上数据中心，所成立的光/电子技术研究协会(Photonics Electronics Technology Research Association，PETRA)组织聚合了日本电报电话公司(Nippon Telegraph & Telephone，NTT)、富士通、日本电气(Nippon Electric Company，NEC)、东京大学、京都大学、横滨国立大学等日本最主要的相关产学研力量，开展高速光电子器件与集成、封装等前沿研究，力图在光电子集成方面领先世界。高速、低功耗的光电子集成芯片，已经成为高速网络、高性能计算、大数据、人工智能、传感等领域的全球竞争焦点。

1.2.2　光电子集成具有广阔市场空间，龙头企业强化竞争优势

　　光电子集成所凸显的性能、成本、能耗优势，使光电子的应用广度、深度不断拓展。一方面，"光进铜退"持续深入，光连接由宏入微，不仅完全覆盖了通信网的长途、城域、接入，而且成为数据中心架间连接的主要手段，并开始进入板间、片间，甚至片内，使得光连接数量呈指数

级增加，从数千量级到数百万量级，再到数十亿量级。另一方面，光电子应用范围扩展到信息的获取、处理、存储、传输、显示等全部环节，光电子市场重心由传统电信扩展到信息通信技术(information and communications technology，ICT)全域(比如全球排名前五的云计算公司已占全球光模块销售的近 50%)，并进入无人驾驶、生物医学、军事装备等领域[19]。因此，近年来业界出现较多扩展硅光应用的初创企业，比如致力于片上光互连的 Ayar Labs、致力于光量子计算的 Lightmatter、致力于激光雷达的 Voyant。

光电子集成市场空间广阔。光模块是光电子芯片应用的主要产品之一，大量应用于电信网、数据中心等。以光模块为例，根据市场研究公司 LightCounting 的数据和预测[20]，2020 年光模块市场为 80 亿美元，2026 年将达到 145 亿美元[21]。在光模块中占比近半的以太网光模块，2020 年全球销售额为 37 亿美元(同比 2019 年增长 33%)，2021 年为 46 亿美元(同比增长 24%)，2026 年全球市场规模将接近 70 亿美元。LightCounting 还预测，光模块中硅光子集成所占的市场份额，将从 2020 年的约 16%增长到 2025 年的约 45%，华为、思科、博通、英特尔、Ciena、Infinera、中兴、烽火等都计划在 400G 及以上速率方案中采用硅光方案[20]。可见，如果再考虑到光电子已广泛应用到手机、服务器、路由器等 ICT 全域产品，还有生物医学、军事、无人驾驶、量子等方面，光电子及其集成的市场总量和增长将更为可观。

业界企业不断垂直整合、兼并重组，谋求以光电子集成提升竞争实力。2018 年 3 月，光通信有源器件领域全球排名第二的 Lumentum 以 18 亿美元收购排名第三的 Oclaro，正是为了获得 Oclaro 的磷化铟(Indium Phosphide, InP)激光器和光子集成能力。2018 年 7 月，长于光子集成技术的 Infinera 以 4.3 亿美元收购设备商 Coriant，力图扩展基于 InP 的光子集成的网络份额。2018 年 11 月，作为全球无源光器件龙头，II-VI 公司以 32 亿美元收购全球有源器件龙头 Finisar。2018 年 12 月，思科以 6.6 亿美元收购硅光子集成厂商 Luxtera。2020 年 2 月，诺基亚宣布收购硅基光电子公司 Elenion。2020 年 10 月，美满宣布以 100 亿美元收购光电子芯片和器件厂商 Inphi。2021 年 1 月，思科以 45 亿美元完成收购光子集成器件厂商 Acacia。2021 年 3 月，II-VI 公司宣布以 70 亿美元收购 Coherent。2021 年 11 月，Lumentum 以约 9.18 亿美元收购新飞通。不难发现，光电子领域企业持续开展并购，谋求在光电子集成的竞争中处于前列。

1.2.3　光电子集成具有良好发展前景，技术快速进步

　　光电子集成技术尚处于发展早期。从器件集成度、产业链成熟度来看，与电子集成相比，光电子集成尚有 30～40 年的发展差距[22]。虽然 1969 年贝尔实验室 S. E. Miller 即已提出集成光学概念，但光子方面的集成技术在近 10 年方有较明显进展。光电子集成的材料，有源器件主要采用 III-V 族半导体，如 InP、砷化镓(gallium arsenide, GaAs) 等，无源器件主要采用硅基二氧化硅、氮化硅和高分子聚合物等。目前，主流的光子集成平台有两种，一是以 Infinera

为代表的公司力推的 InP 基光子集成，二是以英特尔、思科等为代表的公司力推的硅基光子集成。这两种材料平台各有长短，相对而言，业界一般认为硅基光子集成具有产业发展优势。

随着投入加大，市场前景逐步兑现，光电子集成技术快速进步。光电子集成的发展已初步呈现出"光子摩尔定律"——异质平台上每个光子集成电路的元器件数量平均每 12 个月增长一倍。InP 基光子集成器件已得到较多应用，硅基光子集成因为与电子集成的"近亲"关系而具有产业发展方面的特殊优势，混合集成、光电单片集成也有显著进展。2020 年 7 月，在 DARPA 的项目支持下，Ayar Labs 的光子集成收发芯片 TeraPHY(由格罗方德 45nm 工艺制造)通过基于嵌入式多芯互连桥 (embedded multi-die interconnect bridge, EMIB)的 2.5D 封装技术以 Chiplet 形式集成到英特尔现场可编程门阵列(field programmable gate array，FPGA)芯片 Stratix10 之上，由此实现芯片间 2Tb/s(5×16×25Gb/s)的数据速率、2km 的连接距离，连接功耗约 4.91pJ/bit，比当期电连接先进水平，如四电平脉冲幅度调制(4-level pulse amplitude modulation，PAM4)速率 58Gb/s、不归零码(non-return-to-zero code，NRZ)速率 30Gb/s 等，提升数 10 倍[23]。2021 年，英特尔和 Ayar Labs 进一步通过 EMIB 将 Stratix 10 与 5 颗 TeraPHY 芯片封装在一起，并采用集成的分布反馈式(distributed feedback，DFB)激光器阵列 SuperNova，使速率提升到 8Tb/s[24][25]。Ayar Labs 预期最终可实现 100Tb/s 速率，功耗低至 1pJ/bit。可见，快速进步的光电子集成技术，已成为实现超越摩尔的有效途径。

光电子集成技术呈现出良好的发展态势，新理论、新材料、新工艺和新功能层出不穷。光电子集成与微电子集成差异大，存在异质(多材料)、异构(多结构)、异速(多速率)和异维(多维度)等多方面的工程技术问题。新理论方面，为进一步提高集成度需要开展微纳尺度和量子层面的理论研究，找寻光子学与电子学之间无缝结合的实现路径，探索光子集成电路由模拟信号处理向数字信号处理的转变机理。新材料方面，随着光子芯片技术向纳米光子学范畴迈进，石墨烯、二维材料、拓扑材料等光电新材料，超表面、等离子激元等新技术不断涌现。新工艺方面，光电子集成正在走向光电共封装(co-packaged optics，CPO)、光电混合集成和光电单片集成，芯片加光、芯片出光和芯片合光等技术工艺将逐步成熟。新功能方面，高效多维信号调控技术(涉及信号的收发、处理、交换、传输、放大、探测等)成为研究重点，可重构、软定义等成为高性能光电子功能子系统的基本特征。

光电子集成技术的进步，直接推动了光模块速率、集成度的提升。英特尔着力发展基于硅光子的光模块，2019年英特尔发布用于500米短距的400G DR4 QSFP-DD光模块，其中光芯片集成4个光发、收通道，含4个异质集成InP激光器、4个硅光调制器、4个锗探测器；2022年，英特尔发布800G DR8模块，含8个异质集成InP激光器、8个硅光马赫-曾德尔调制器(Mach-Zehnder modulator，MZM)、2个复用器。英特尔还在2020年演示了其基于光电共封装的1.6Tb/s光模块，芯片面积为25mm×22mm，集成有 32 个激光器、16 个马赫-曾德尔干涉仪(Mach-Zehnder interferometer，MZI)开关、16 个微环调制器、16 个模式转换器，以及 V-groove 阵列。Lumentum 在 2021 年推出支持 C+L 波段的长距相干 400G CFP2-DCO 模块，在 2022 年发布用于激光雷达(light detection and ranging，LiDAR)和 3D 传感的 M51-100 905nm 70W 多结垂直腔表面发射激光器(vertical cavity surface emitting laser，VCSEL)阵列。2021 年光纤通信会议与博览会(Optical Fiber Communication Conference and Exposition，OFC)上，II-VI 公司展示了基于硅光集成的系列 400G/800G 光模块，如 400G DR4 QSFP-DD、400G-FR4 QSFP、400G-SR4 QSFP、800G-DR8 OSFP 等，其 400ZR+QSFP -DD-DCO 光模块已在 2021 年底规模应用。

　　光电子集成技术的进步，还推动了光子计算、光子信号处理、光子存储等技术的发展。光子 AI 加速已成为研究热点，2020 年，麻省理工学院展示了基于光电乘加器的大规模光学卷积神经网络(convolutional neural network，CNN)实现[26]。类似于 FPGA 这类电芯片，可编程光子芯片也取得突破[27]，比如可编程多功能纳米光子集成(programmable multifunctional integrated nanophotonics，PMIN)的研究[28]。2022 年，希腊亚里士多德大学实验展示了基于 InP 单片集成的 4×2 全光随机存储器，采用无源光回路实现光标签的行/列地址译码[29]。可见，光子集成进步将极大促进光电子技术在信息领域发挥更大作用、获得更广泛应用。

　　在表 1.4 中，我们列出了信息光电子集成方面的当前全球先进水平，供读者参考。

表 1.4　信息光电子集成全球先进水平一览

工艺平台	细目		先进水平	备注
磷化铟集成	典型器件	调制器	80GHz	2019 年，NTT，IQ 调制器
		探测器	130GHz	2016 年，HHI，3dB 带宽
		激光器 DML	DML	2022，Lumentum，140mW DFB+SOA
		激光器 EML	EML	2022，Lumentum，76GHz EA-DFB 激光器
		激光器 VCSEL	VCSEL	2021，博通，100Gb/s PAM4 850nm VCSEL
		激光器 TL	TL	Pure Photonics，线宽 10kHz，C-band 可调激光器
	多器件集成	LiDAR	10,240 个	2021，Lumentum，～30mm² 的 VCSEL 激光器阵列
		相干光子引擎	1.6T	2022，Infinera，2×800G
硅光子集成	典型器件	调制器	200GHz	2018 年，哈佛大学，硅基薄膜铌酸锂
		PD	256GHz	2021 年，IHP，硅基锗 PD，3dB 带宽
		APD	800GHz	2022 年，GlobalFoundries，增益带宽积
	多器件集成	相干光收发芯片	800Gb/s	2022 年，英特尔

续表

工艺平台	细目		先进水平	备注
硅光子集成	光源	异质集成	倒装焊	将已封装 III-V 激光器贴到硅光芯片，Luxtera、Macom 等
		异质集成	键合	将 III-V 裸芯贴合到硅光芯片后再加工形成激光器，英特尔
		异质生长	量子点	帝国理工学院
混合集成	单片光电集成	微处理器	7,000 万晶体管，850 个光子器件	2015 年，加州大学伯克利分校基于 45nm 工艺线单片实现了基于光互连的微处理器芯片
		相干光收发芯片	100G、400G	2016 年，IBM 基于 55nm 工艺实现 100G 硅光单片集成(除激光器外)；2018 年，IHP 单片集成 TIA 与 400G ICR
	光电共封装	片间光互连	8Tb/s，5pJ/bit	2021 年，Ayar Labs 的 5 颗 TeraPHY 光芯片与英特尔 FPGA 芯片 Stratix10 合封；2021 年，IBM、TE connectivity 等实现 51.2T 交换引擎
		光模块	1.6Tb/s	2020 年，英特尔，16 个通道上百个器件

第2章 我国微电子光电子发展现状

2.1 微电子技术产业持续进步，部分关键技术尚待突破

2.1.1 产业能力不断升级，发展力度持续加大

我国集成电路产业维持高速增长态势。据中国半导体行业协会统计数据，2021 年中国集成电路产业销售额为 10,458.3 亿元，同比增长 18.2%。其中，设计业销售额为 4,519 亿元，同比增长 19.6%；制造业销售额为 3,176.3 亿元，同比增长 24.1%；封装测试业销售额为 2,763 亿元，同比增长 10.1%。设计、制造、封装测试三业占比分别为 43.2%、30.4%和 26.4%，比例渐趋合理。

设计方面，2021 年我国芯片设计企业数量进一步增长，产业集聚效应进一步明显，全国集成电路设计企业数量达到 2,810 家，比 2020 年增长 26.7%。同时，除北京、上海、深圳等传统设计企业聚集地外，无锡、杭州、西安、成都、南京、武汉、苏州、合肥、厦门等城市的设计企业数量都超过 100 家。从企业角度来看，龙头企业销售额不断提升,2021 年有 413 家企业的销售额超过 1 亿元，比 2020 年的 289 家增加 124 家，增长 42.9%；这 413 家企业销售额总和达到 3,288.3 亿元，比上年的 3,050.4 亿元增加了

237.9 亿元，占全行业销售额总和的比例为 71.7%。从产品分布情况来看，国产芯片种类持续提升，据中国集成电路设计业 2021 年会发布数据，2021 年集成电路产品除通信、智能卡和计算机(含人工智能)三大类的销售额出现了较大幅度的衰退，多媒体、导航、模拟、功率和消费电子等其他领域的业绩都在提升，模拟电路销售额增长了 230.5%，达到 541.45 亿元；功率电路销售额增长 152.8%，达到 291.5 亿元；消费类芯片销售额增长 94.2%，达到 2,065.8 亿元。

制造方面，我国集成电路制造厂商全球市场占有率稳定提升，2021 年中芯国际、华虹、长江存储、合肥长鑫等四家国内集成电路制造龙头企业销售额实现大幅增长，其中中芯国际和华虹分列全球集成电路代工厂第 4 位和第 8 位，销售额和全球市场份额进一步得到提升。从总体产能来看，我国集成电路制造产能迎来快速增长时期，在 2021~2022 年，全球 29 家新建晶圆厂中，我国占据一半以上。2021 年中芯国际月产能约为 62 万片(折合 8 英寸片)，同比提升 20% 以上。

封装测试方面，2021 年我国封装测试三大重点企业长电科技、通富微电和华天科技合计占全球市场份额的 20% 以上。据研究机构 IC Insights 统计数据，中国已成为全球最重要的集成电路封装测试基地。先进封装占比持续上升，2021 年国内规模以上的集成电路封装测试企业先进封装产品的销售额占到整个产业的 36% 左右，但和全球相比仍有一定差距。

装备方面，据第 24 届中国集成电路制造年会发布数据，我国集成电路装备已实现零的突破，并进入快速发展期，企业销售额逐年增长。2020 年中国大陆半导体设备销售收入达到 242.9 亿元，同比增长 38.7%；其中，集成电路设备销售收入达到 107 亿元，同比增长 48.6%。目前我国半导体装备产业规模 240 多亿，其中集成电路装备产业规模约为 100 多亿，全球占比仅为 6%，依然较低。

材料方面，据第 24 届中国集成电路制造年会发布数据，集成电路材料品类细分高达 2,000 多种，目前我国已有超过 100 种本土材料进入本土生产线。2020 年中国大陆半导体材料销售额已经达到 388 亿，其中国产硅片、电子气体、工业化学品和靶材等占比较高，但化学机械抛光材料、光刻胶、光掩膜等占比均非常小，远远低于全球行业平均水平。

我国半导体支持力度不断加大。资金支持层面，多年以来，国家集成电路产业投资基金(大基金)在"强长板、补短板、上规模、上水平"方面下功夫，完善集成电路产业供应链配套体系建设，在芯片设计、晶圆制造、封装测试、专用装备和核心零部件、关键材料、生态系统等全产业链的投资项目中，发挥了资金撬动作用，带动了社会和地方的投资积极性，缓解了集成电路产业发展投融资瓶颈，极大提升了行业发展信心。在集成电路产业投资基金的助力下，一批龙头企业已经入围国际第一梯队[30]，各产业链环节取得了长足的进步。投融资层面，2021 年，我国半导体行业共发生投融资事件超 570 起，投融资总规模超 1,100 亿元。仅在 2021 年上半年，国内芯片、半导体行业融资事件数量就已超 230 起，有超 220 家企业获得融资，总融资规模近 400 亿元。具体来看，设计领域仍然是投资热点和重点，在 2021 年投融资事件中占到半导体领域总投资案例数的七成左右。从具体应用来看，高性能计算、电子设计自动化(electronic design automation，EDA)、知识产权核(semiconductor intellectual property core，IP)、功率半导体、模拟芯片、激光/毫米波雷达、MEMS 传感器、显示等领域备受关注，其中 GPU、数据处理器(data processing unit，DPU)、人工智能芯片、自动驾驶芯片等领域均有大额投融资案例出现。地方层面，上海、北京、广东、浙江等地均设立相关支持项目与资金，对各地集成电路产业发展形成了强力的助推作用。

2.1.2　技术迎来多点突破，垄断受限局面未变

我国在半导体材料、集成电路设备，芯片设计、制造和封装测试等领域均有所突破[31]。

芯片设计方面，经过多年努力，我国芯片产品体系不断丰富和完善，涵盖数字、模拟、数模混合、射频、功率、计算、存储、接口等所有领域，在 EDA、IP 等领域也有了比较好的积累。技术水平和创新能力不断增强，我国设计企业已具备了设计 5nm 等先进工艺节点的数字集成电路芯片和复杂模拟芯片的能力。其中，在基于冯·诺依曼计算架构的 CPU 方面不断发力，龙芯在指令系统设计、指令格式、指令编码、寻址模式等方面不断创新；在高性能 GPU、人工智能芯片等方面不断突破，紫光同创、景嘉微、天数智芯、摩尔线程、地平线等保持稳步发展态势。在软件定义芯片架构、利用三维混合键合技术设计的近存计算芯片等新兴领域创新不断。

集成电路制造方面，第一，近年来我国集成电路制造产业呈快速发展之势。据国家统计局、工业和信息化部发布数据，2011～2021 年的 10 年间中国大陆集成电路产量增长了 5 倍，2020 年与 2021 年的增速分别达到 20.8%和 33.3%。在全球集成电路制造业大规模扩产的背景下，中国大陆集成电路代工企业占据的市场份额仍从 2020 年的 7.6%上涨至 2021 年的 8.5%。2021 年中国大陆集成电路产能约为 350 万片/月(8 英寸等效值)，而全球总产能约为 2,160 万片/月(8 英寸等效值)，中国大陆在全球总产能中占比达到 16%，已成为全球第三大产能聚集区。第二，制造企业能力逐步提升。中芯国际在 2019 年下半年完成基于其第一代 FinFET 工艺的 14 纳米制程芯片量产工作。华虹半导体已于 2019 年开始为联发科量产制造 28 纳米芯片，并面向低功耗和低漏电需求，在 28 纳米工艺基础上开展了 22 纳米工艺研发。第三，存储产业保持快速发展态势，在 NAND 闪存、NOR 闪存和 DRAM 内存三种主流存储器芯片方面均已经取得一定进展。

集成电路封装测试方面，目前国内包括长电科技、通富微电、华天科技等重点封装企业，已围绕倒装、嵌入式晶圆级球栅阵列、TSV、系统级封装(system in a package，SiP)、堆叠组装、堆叠封装、扇出、凸块技术等实现了高中低封装技术全面覆盖，检测环节也开始由肉眼向自动光学视觉检测技术发展。2021 年长电科技推出全系列极高密度扇出型封装解决方案，通过将不同的功能器件整合在系统封装内，大大降低系统成本，缩小封装尺寸，具有广泛的应用场景。

但整体来看，涉及设计到制造产业链的关键环节，如设备、材料、EDA/IP 核等基本被国际大企业垄断。

2.2 光电子技术竞争力逐步增强，尚需突破高端，提升自主发展能力

2.2.1 技术进步显著，中国发展为全球光电子重地

中国已发展成为全球光电子产业的重要一极。美国、中国、欧洲、日本是光电子产业的主要集聚地，其他还有韩国、俄罗斯、新加坡、以色列等。过去 30 年，中国光电子产业发展迅速。从 20 世纪 90 年代开始，西方企业为降低成本、占领需求不断扩大的中国市场，逐步在中国建立中低端产品的制造基地和代工厂。中国一方面抓住这种产业转移机遇，另一方面主动布局和积极开展自主创新，历经数 10 年形成了多个较大规模的光电子产业聚集发展区域(如武汉、长三角、珠三角等)，相应出现了一批有竞争力的光电子企业和研究机构，产业链已基本完整。从 2000 年开始，中国的信息光电子加速进步，首先是华为、中兴、烽火等光通信系统设备厂商逐步迈入全球前列，长飞、亨通等光纤光缆厂商走向国际市场，近 10 年光迅科技、海信光电子、旭创科技、华为海思等光电子器件企业日渐崛起，带来信息光电子全产业链的进步。以光通信器件为例，我国约占全球 25%～30%的市场份额，相关生产制造企业有300 多家，其中光有源器件约 90 家，光无源器件约 180 家，模块与子系统约 30 家。

中国在光电子领域的竞争力显著提升。以 LightCounting 给出的近 10 年全球光收发模块前十供应商榜单为例[32]，

2010 年之前，榜单几乎全是美日企业，中国仅有一家企业且排在尾部。自 2016 年开始，中国企业不仅数量增多，而且排名进入前列。比如，2016 年海信光电子、光迅科技、旭创科技分别位居第二、第三和第七；2018 年旭创科技、海信光电子、光迅科技分别位居第二、第三和第四；2020 年旭创科技、华为海思、海信光电子、光迅科技、新易盛、华工正源分别位居第二、第三、第四、第八、第九和第十。如图 2.1 所示，中国光模块供应商的全球市场份额从 2010 年的 15% 增长到 2021 年的 50%[33]。总体来看，美国企业在光电子领域依旧实力强劲，中国企业的竞争力大幅提升，日本企业的影响力相对下降较明显。

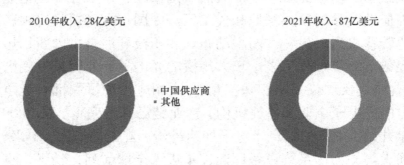

图 2.1　　中国光模块供应商的全球市场份额[33]

中国光电子的全球市场竞争力进入前列，源于自身在技术方面的坚实突破。早期，正是因为中国科学院半导体研究所、武汉邮电科学研究院，中国电子科技集团第 44 研究所、第 13 研究所等通过自力更生相继研制出 850 纳米短波长激光器、1,310 纳米和 1,550 纳米长波长激光器，才促使西方 1993 年左右对中国解禁中低端光电子产品。目前，中国光电子技术研发已能够紧跟国际发展前沿，在硅光/InP 芯片、多波长激光器阵列、10G/25G 电吸收调制激光器(electro-absorption modulated laser，EML)芯片、阵列波导光栅(arrayed waveguide grating，AWG)芯片、光交换芯片、高速光调制器、100G/200G/400G 高速光模块、超高速超大容量超长距离光传输系统等方面取得重要进展。在国内相关研究机构和企业的努力下，国内研发的部分光电子器件已达到国际先进水平，比如硅光子方面的 100G/200G/400G 硅光收发器、硅基调制器、锗硅探测器等。2017年，我国 100G/200G 硅光收发芯片实现商用量产[34]。2020年 6 月，基于全国产芯片的 50G PAM4 高速光模块研制成功，该模块所使用的 50G EML 芯片、50G 探测芯片和 50G PAM4 DSP 芯片，从外延生长到芯片后工艺均为自主研发[35]。2021年，国内自研硅光微环调制器带宽达到 110GHz 以上，可支持单通道 300Gb/s 光传输；基于双侧向氮化硅波导光耦合结构实现 60GHz 锗硅探测器，可支持 180Gb/s 光信号接收；自主研发了光互连用 1.6Tb/s 硅光收发芯片；研发出可量产化的硅基超表面微型广播芯片，实现了多用户接入、双向、大视场角、高速的室内光无线传输。此外，商用产品方面，400G 速率的数通硅光收发芯片、相干硅光收发芯片已实现供货，量子密钥分发系统核心光电器件、高灵敏度光传感器件等也都取得较大进展。

2.2.2　尚未实现全面突破，自主发展能力待提升

光电子技术的国际竞争力，美日等的优势主要体现在先进技术研发和高端产品、装备方面，中国的优势更多体

现于中低端和生产制造方面。尤其在近几年信息领域市场、科技出现逆全球化和国际合作受阻的局面下，中国光电子的短板凸显，自主发展能力偏弱。

第一，中国光电子的基础创新、原始创新能力较弱。光电子的基础理论，如量子力学、光电效应理论、固体能带理论等，是由普朗克、爱因斯坦、波尔、薛定谔、海森堡等西方科学家建立的。光电子领域的重大发明，基本由西方科学家提出，以激光器为例，美日等的科学家于1960年、1962年、1963年、1970年、1973年、1977年、1994年分别制成红宝石激光器、半导体同质结激光器、半导体异质结激光器、半导体双异质结激光器、DFB激光器、量子阱激光器、量子点激光器[36]。这种基础创新能力的不足，使得中国光电子创新多局限于应用层面，领域的影响力、掌控力有限，无法改变规则。

第二，中国光电子的技术发展基本处于跟随地位。以领域内当前最热的硅光子为例，在技术探索阶段(1960～2000年)，主要是美国贝尔实验室等机构开展研究；在技术突破阶段(2000～2008年)，Intel为首的美国企业发挥了主要推动作用，2007年英特尔将硅基电光调制器的3dB带宽扩展到30GHz，2008年英特尔开发出340GHz增益带宽积的硅基雪崩光电二极管(avalanche photon diode，APD)；在技术应用阶段(2008年至今)，英特尔、Luxtera、IBM、Acacia、Ayar Labs等西方公司不断推出当期业界最领先的商用级硅光子集成产品。中国虽然在硅光子的技术、生产、应用方面发展迅速，但目前主要仍是跟跑地位，话语权弱[37]。

第三，中国光电子产业链、供应链尚需增强韧性、可靠性。光电子器件综合国产化率还低于 30%，光电子的关键生产装备、高端芯片、材料、设计工具和仿真软件、高端仪表等方面需更大突破，光子芯片能力弱于全球先进水平，产业部分环节缺失[38]。仍以硅光子为例，其研发线有美国 AIM Photinics、比利时 IMEC、新加坡先进微晶圆厂(Advanced Micro Foundry, AMF)、法国电子与信息技术实验室、德国高性能微电子研究所(Innovations for High Performance Microelectronics, IHP)等，量产线有英特尔、格罗方德、意法半导体、TowerJazz 等，中国需要形成和加强硅光子芯片量产制造能力。

　　第四，中国光电子企业处于价值链中低端，亟须突破高端。西方光电子领先企业通过不断并购(比如 Lumentum 收购 Oclaro 和 NeoPhotonics，Infinera 收购 Coriant，II-VI 收购 Finisar 和 Coherent，思科收购 Luxtera 和 Acacia，美满收购 Inphi 等)，以提升行业集中度和议价能力来获取相对更高的利润；通过对高端产品和核心技术的长期、持续高投入，实现对高端产品和市场的垄断。由于种种原因，中国光电子企业基本无法参与这些能够影响行业格局的并购，只能依靠自身发展进行长期的低速积累。中国光电子企业产品集中于中低端，同质化竞争严重，主要依靠扩大产能和降低劳动成本获取市场优势，普遍呈现应用强、技术弱、市场厚、利润薄的特征，导致缺少能力投入较多资金用于研发周期长、技术风险大的高端产品，陷入中低端发展困局。因此，尽管中国光模块厂商已占据全球近半市场份额，但在高端、高速光电子芯片方面，与西方领先企业相比仍有数年差距。

第3章 我国微电子光电子未来趋势

3.1 依托大国大市场优势，加快微电子创新升级步伐

良好的政策与资本环境为我国集成电路产业快速发展带来了机遇。内外环境将推进国内集成电路产业迎来机遇期。在《国家集成电路产业发展推进纲要》的指导下，国家和地方相继出台更加深入细化的规划政策。2020年8月，国务院出台了《新时期促进集成电路产业和软件产业高质量发展若干政策》，从财税、投融资、研发、进出口、人才等方面扶持集成电路产业，"十四五"规划纲要明确提出要完善技术创新市场化机制，强化企业创新主体地位，促进各类创新要素向企业集聚，形成以企业为主体、以市场为导向、产学研深度融合的创新技术体系。这些政策将为我国集成电路产业的发展提供更好的营商环境，产业发展空间将更加广阔，国内半导体企业也将迎来更加多元化、更加可持续的发展机遇。同时从资本市场来看，在国家集成电路产业投资基金(一期)有序退出的同时，投资基金(二期)正在陆续跟进，投资有望全面提速，未来将在半导体材料、设备等上游重点领域加强投资，为我国集成电路发展提供资本支撑。

我国集成电路产业未来发展仍面临诸多挑战。国内集

成电路进口依赖依旧突出,据海关数据,2021 年 1～12 月中国集成电路进口数量达到 6,354.8 亿个,同比增长 16.9%(2020 年为 5,435 亿个),金额达 27,934.8 亿元(约合 4,396.9 亿美元),同比增长 15.4%(2020 年为 24,202.6 亿元),其中约 1/3 为我国自用,其余进口芯片则用于组装成整机产品再次出口。国内集成电路企业的规模和盈利能力目前还难以对标国际领先企业巨量且持续的研发投入。短期内,我国在部分装备、材料和零部件生产、封装测试环节能够取得一定进展,但从长期看,核心设备领域依然处于追赶阶段,仅能满足部分中低端需求。应用方面,CPU、存储器领域还难以进入下游市场,仍需加大力度突破薄弱技术和生态基础,促进竞争力的不断提升。与此同时,复杂多变的国际环境将继续对我国集成电路产业的发展形成挑战,美国操控的《瓦森纳协议》长期将我国排除在外,对我国在对外技术交流、产业合作、投资融资等方面形成诸多限制,我国企业在上游供给、技术研发等方面面临的挑战将直接影响我国集成电路技术产业的发展。

3.2　把握集成机遇,以创新谋求光电子发展主导权

　　光电子是信息领域的基石性技术,中国强化光电子自主发展能力的必要性和紧迫性凸显。近几年来,国际形势发生深刻变化,面临百年未有之大变局。在信息领域,市场、科技出现明显的逆全球化势头,国际合作阻滞,有可能形成供应链、产业链、市场的"双平行"格局。中国的

光电子发展，既要坚持全球视野，把握发展机遇，又要树立风险忧患意识，强化自主发展能力，谋求发展主导权。

3.2.1　中国光电子处于三个发展机遇期

第一，技术机遇期。随着电子集成电路工艺逼近物理极限，能耗、带宽等严重制约着电子信息技术的进一步发展，通过光电子技术将光电融合引入板内、片间甚至片内，是实现超越摩尔的有效途径。因此，在电子信息技术遭遇能耗、带宽挑战之际，光电子一方面具有能耗、带宽上的固有优势，另一方面因光子集成的突破带来低成本等利于大规模应用的优势，中国光电子若能抓住这种技术更迭机遇，将有力夯实中国在信息技术领域的根基，提升产业发展的国际竞争力。

第二，市场机遇期。云计算、5G、物联网、工业互联网、大数据、AI等大大扩展了信息技术应用的广度和深度，带来前所未有的巨大市场。光电子作为信息技术的基石之一，将迎来市场规模的跃升。

第三，国产化机遇期。西方在信息领域的技术合作、供应链、市场等方面人为设限，虽然给中国发展光电子带来一定困难，但也使得中国光电子企业在国内供应链、创新链的地位更为重要，在国内市场的前景、份额更为确定。国产化机遇，将促进中国光电子的自主发展，推动对产业发展主导权、技术话语权的掌控。

身处三期叠加的机遇期，中国光电子若能从材料、装备、工艺等各方面谋求切实突破，真正掌握核心技术、进军高端产品，将实现光电子技术和产业自主发展能力的质变。

3.2.2 力促技术创新，提升中国光电子可持续发展能力

技术创新，是实现自主发展的关键。美日欧等通过长期发展已形成光电子的优势技术基因，不断地嫁接、优化、重组，利于其继续巩固主导局面。国际竞争实力对比决定了中国需要加大投入、改善发展生态，以有效降低光电子产业链的对外依赖程度。

第一，提升投入力度，聚焦中国在光电子高速、高端领域的竞争力。光电子行业具有技术和资金双密集特点，壁垒高，尤其高端产品开发需要企业进行高风险的长期性高投入。在 Lumentum、II-VI、Infinera 等西方企业频繁通过并购等策略强化高端产品竞争力的同时，中国企业不仅因种种原因无法进行海外收购，而且出现深圳飞通、飞博创被国外企业收购的情况。中国光电子企业自身技术基础不足、造血能力有限，又无法开展海外并购，导致长期难以依靠自身缓慢积累实现从中低端到高端的突破，亟需国家进行集中的高强度投入来触发改变。

第二，改善国内产业生态，实现产业链、供应链各环节协同提升。国内的同质化竞争，使中国光电子企业长期陷于低价格、低利润的严酷市场环境，呈现典型的应用强、技术弱、市场厚、利润薄特征，不利于企业做强做大。一方面需要政策牵引，避免非理性、低水平的恶性竞争；另一方面需要发挥协同作用，产业链下游的国内应用和系统设备企业通过采购、合作、定制、绑定等措施有效引导、支持、扶植上游的国内器件、芯片、材料企业发展，构建

形成安全、可控的完整供应链。

中国需要从基础技术、核心技术、产品技术等多个维度开展光电子技术创新，有效降低光电子创新链的对外依赖程度。光电子技术具有历史继承性和体系化创新特点，美日欧长期形成的技术护城河不易越过，中国唯有坚持创新方能提升主导权。

第一，基础技术方面，着力拓展新理论、新材料，开展表面等离激元、石墨烯、超表面材料、光子晶体、碳化硅、薄膜铌酸锂、高分子聚合物、硅基光源、光量子信息、全光交换、全光信号处理等的探索。

第二，核心技术方面，开展光电融合、光子集成、光电共封装、光标签交换、多芯/少模复用、光学矩阵计算、微波光子等的研究。

第三，产品技术方面，开展光背板、多维复用、超高谱效率调制、800G/1T/2T光收发模块、高维多端口波长选择开关(wavelength selective switch，WSS)器件、海底通信及空天通信光器件、25G/50G/100G波特率光器件、微波光子器件、低成本相干光收发器件、全波段光通信系统等技术和产品的开发。

3.2.3 聚力光子集成，以高端突破谋求发展主导权

光子集成将推动光电子更广泛地应用于网络、传感、计算、测量、生物、医药等诸多领域[39]，硅基光子集成期望以硅材料为基础实现微电子与光电子的融合。

在光子集成的发展上，中国落后于世界最先进水平，需要在生产制造、工具软件等方面取得突破。国际上能稳

定量产的 InP 基、硅基高速芯片产线仅数条，多在美日欧，如美国的 Finisar、Lumentum、格罗方德、英特尔，日本的 NTT、住友、三菱，欧洲的意法半导体，以色列的 Tower Jazz。中国需集中力量、加强投入的有效性和针对性，提升光子芯片制造能力。

尽管电子集成能力不足导致中国在光子集成方面基础较薄弱，但中国必须聚力发展光子集成，这对于中国光电子发展具有特殊和重要的意义。

第一，光子集成是中国光电子实现自主发展、进军高端的必经之路和关键步骤。集成工艺代表着人类超精细制造、超精密与超高密度微纳组装的最高水平，最能体现一个国家的高端制造能力。中国之所以在电子信息技术上受制于外，正是因为存在电子集成技术短板导致的缺"芯"。中国只有从材料、装备、工艺、工具软件、设计、封装测试等各环节切实掌握光子集成技术，破除光电子缺"芯"之患，才能真正实现自主发展、可持续发展。

第二，光子集成正处于产业化初期，利于中国较快实现跟跑到并跑，甚至领跑。最近 10 年，随着硅基光子芯片在单器件性能和多器件集成度上的不断突破，产业界逐步增大投入，总体上光子集成尚处于大发展的早期，中国与西方的差距相对于电子集成而言还是较小的。如果中国进行集中、有效的高强度投入，是有可能在光电子领域避免出现类似电子信息被"卡脖子"的窘迫之境的。

第三，光子集成的技术和产业特点，适合中国发挥自身优势实现突破。光子集成不仅需要面对一些通用的集成技术挑战(如工艺步骤极多带来的良率挑战、尺寸和精度极小带来的装备挑战等)，以及光电子特有工艺的挑战(如复杂材料引起的高难度、特殊加工引起的高难度、超高性能引起的高难度、硅基光源引起的高难度、光电融合引起的高难度等)，而且由于需要追求极致的物理性能，并针对应用场景进行定制优化，还具有类似于模拟电子集成的产业特性挑战(如种类繁多、数量少，难发挥规模效应；重视经验积累，特色工艺多，难发挥标准化效应等)。但是，相对而言，光子集成有两个特点是较利于中国扬长避短发挥自身优势的：一是光子集成对大部分制造装备的要求是低于数字电子集成的(比如 Ayar Labs 所设计的业界高性能光子收发芯片 TeraPHY，45nm 工艺线即可制造)，故可以一定程度弱化中国在高端集成制造装备方面的短板制约；二是光子集成的模拟特征，使其更适合采用集成制造模式(integrated device manufacture，IDM)(数字芯片更适合采用设计-代工-封装测试垂直制造模式)，有利于中国基于自身体制优势打造以国家为单位的 IDM 能力，从而克服国内企业投入能力低对发展光子集成的制约。

强化信心，提高投入，提升发展主导权。在"巴黎统筹委员会"等限制之下，中国光电子逐渐发展，并成长为全球重要一极。近几年中国光电子在海外市场、全球供应链、技术合作等方面虽然受到诸多不合理限制，但我们必须强化信心，避免中国光子集成形成类似电子集成的过度依赖局面。

第一，在光子集成上进行集中、高效的投入，尤其可将硅基光子集成视为后摩尔时代的信息技术关键，通过高投入扎实提升硅光子设计、制造、测试、封装、工具软件等各环节能力。

第二，基于光子集成的模拟特征，建立由国家牵头的全国性光子集成 IDM 平台，以弱化工艺能力、装备条件、投入能力对技术研究和产业发展的制约，并以此平台为基础构建产学研力量聚集的"硅光子创新联合体"。

第三，面向通信、传感、国防等重要领域，通过光电 Chiplet 等技术重点开发超高速、超节能、超小型光电子器件，形成技术与应用的良性互促，打造出长板和特色。

第四，国家通过各种政策鼓励、引导、支持相关企业、资本围绕光电子集成产业链的空白、弱势环节进行投资、创业，尽早打通产业链，建立量产线，实现产业良性运营，实现装备、工具、产品的国产替代和自身有序迭代，争取国际竞争话语权。

第 4 章　微电子光电子领域热点亮点

第 4.1　高端通用芯片

4.1.1　全球态势与国内现状

CPU 芯片创新活跃，ARM 架构生态强势布局。基于 x86 架构的 CPU 芯片升级重点方向为异构协同、存储层次优化、先进封装、引入加速引擎。英特尔 2021 年发布的桌面级和移动端 Alder Lake CPU 采用大小核异构架构，引入核心 AI 加速器，增加 Thread Director(硬件组件)实现软硬件协同调度。同年发布服务器级 Sapphire Rapids CPU 技术路线图，通过扩展加速能力、引入 AI 相关引擎、增加加速器接口架构指令集等方式降低 CPU 开销；内存采用傲腾超高速内存技术、高带宽内存及 I/O 方案，实现高带宽、低时延的特性；生产工艺方面采用 Chiplet 和模块化平铺设计，以进一步提升可扩展性[40]。基于 ARM 架构的 CPU 芯片功能不断拓展，在苹果、亚马逊等巨头强势推进下已形成计算产品全线布局。2021 年，ARM 公司发布最新指令集 ARMv9，从指令集层面实现多平台打通，扩展计算机、服务器、超算能力，功能层面配置新型可伸缩矢量扩展指令集，支持 128～2,048 位运算，实现云边全覆盖；同时强化 AI 应用，增强数字信号处理和机器学习处理能力；引入机密计算模块，保护数据安全。同年 ARM 公司发布基于

ARMv9 指令集架构的 ARM Neoerse N2 平台，在安全性、能耗以及性能方面都有全面的提升。应用厂商方面，亚马逊、阿里、华为基于 AWS 云、安卓移动生态基础，加快推进云端 ARM 生态系统建设，已完成与主流操作系统、数据库、虚拟化、容器以及众多开源软件的适配工作。鲲鹏 ARM 原生架构完成虚拟化和容器技术能力建设，并兼容安卓生态，在 50 多个开源社区启用了覆盖数据库、虚拟化、云原生、AI 等众多应用开发工作。整体来看，ARM 架构目前在性能、规模、生态上难以与 x86 架构竞争，仅能实现部分边缘应用的替代。

以第五代精简指令集 (reduced instruction set computing-V, RISC-V)为代表的开放指令集架构备受关注。2010 年，美国加州大学伯克利分校的研究人员意识到现有指令集存在的问题，开始着手构建一套全新指令集。到2011 年 5 月，第一版指令集正式发布，命名为 RISC-V，同时将 RISC-V 指令集彻底开放，并使用 BSD 开源协议。如表 4.1 所示，与传统指令集相比，RISC-V 指令集基于精简指令集架构理念设计，具备专用定制与计算加速功能，能良好适配现有软件栈与编程语言。RISC-V 指令集简洁，能赋予使用者足够的灵活性，可基于自身需求进行自定义设计[41]。目前，个性化应用场景众多的物联网领域成为 RISC-V 指令集探索重要方向。物联网设备需要低功耗、高性价比的新型微处理器，而传统 x86 和 ARM 架构需要较高的专利授权使用费，开源开放且商用友好的 RISC-V 架构提供了一种更高性价比的选择。此外，物联网设备通常仅需要实现某类特定功能，而采用通用性强的 x86 和 ARM 架构的芯片易造成资源浪费。可自由定制的 RISC-V 架构处理器，既能满足客户个性化需求，也能通过取消大量冗余功能，节约芯片面积成本以及降低使用功耗。业内聚焦物联网领域开展 RISC-V 芯片研发布局。此外，人工智能、智能硬件等领域也是 RISC-V 架构芯片的潜在发展市场。如美国 Esperanto Technologies 公司针对机器学习发布 ET-SoC-1 芯片，其机器学习推理加速器包含 1,000 多个 RISC-V 定制处理器；英特尔发布基于 RISC-V 内核的自动驾驶芯片 Eye Q Ultra，可用于 L4 级别自动驾驶控制。

表 4.1　RISC-V 指令集与传统指令集对比

x86/ARM/MIPS	RISC-V
费用昂贵，架构受专利保护	免费使用，指令集架构开源
架构复杂，历史遗留问题多	架构简洁，无前向兼容包袱
易用性低，硬件实现复杂	易用性高，硬件设计简便
扩展性差，不便于应用扩展	扩展性强，支持定制指令
由企业运营，依赖单一企业决策	由社区运营，不受单一企业控制

全球高度关注和重视 RISC-V 指令集发展。美国方面，DARPA 宣布电子复兴计划的首批拨款数额，其中开源硬件 (POSH) 项目获得了 3,500 万美元的补助。开源硬件项目基于 RISC-V 等新型开源指令集架构，旨在降低专利许可对硬件开发的阻力，加速硬件开发。同时 DARPA 十分看重 RISC-V 与 FPGA 芯片结合在安全性方面产生的巨大优势，希望能将此新型技术运用于新一代战略防御系统和信息通信系统。欧洲方面，欧洲委员会于 2018 年启动了欧洲处理

器创新(European Processor Initiative，EPI)计划，拟开发面向欧洲市场的自主可控低功耗微处理器，预计投资 1.2 亿欧元经费用于支持用户开发的超算处理器，而 RISC-V 和 ARM 都将作为此次计划的备选指令集。印度方面，过去几年印度政府资助的处理器相关项目都开始向 RISC-V 指令集靠拢，各大学广泛使用 RISC-V 指令集架构作为教材。2018 年 7 月，SHAKTI 项目组设计的第一款 RISC-V 指令集架构 CPU 成功实现运行 Linux 操作系统。国内积极推动 RISC-V 技术产业布局。上海将 RISC-V 指令集架构处理器研发列入专项资金项目；北京推动成立开源芯片源码创新中心，致力于构建 RISC-V 芯片创新生态；广东省在 2020 年出台《加快半导体及集成电路产业发展若干意见》，将 RISC-V 芯片列入芯片设计重点发展方向，进一步提升集成电路设计产业优势。

GPU 芯片功能升级，龙头企业探索先进生产工艺。GPU 芯片升级重点为增加显存、提高带宽速度和采用 7 纳米先进工艺制造。英伟达于 2022 年推出 Hopper 架构 GPU，首款产品 H100 采用台积电 4N 工艺、台积电 CoWoS 2.5D 封装，整个芯片包括 800 亿个晶体管；可实现近 5TB/s 的外部互联带宽；支持 PCIe 5.0，单个 H100 可支持 40Tb/s 的 I/O 带宽和 3TB/s 的显存带宽；引入了新指令集，可加速动态编程算法，解决路径优化、基因组学等算法优化问题；H100 的相关技术升级，有望显著提升深度推荐系统、大型 AI 语言模型、基因组学、复杂数字孪生、气候科学等任务效率[42]。AMD 发布针对高性能计算服务器领域开发全新 CDNA 架构，专注于提升计算/张量操作性能，并强

化安全、虚拟化技术，提高能效比；产品 Instinct MI100
采用 7 纳米 FinFET 工艺制造，集成 120 个计算单元、7,680
个流处理器，并专门加入了 Matrix Core(矩阵核心)，有效
提高双精度浮点和单精度浮点的计算性能。英特尔也发布
了 Xe GPU 架构路线，全面提升执行单元规模数量，提高
每周期纹理及像素渲染能力，扩展多种场景应用。面对
GPU 芯片面积增大趋势，以及制造成本高昂现状，英伟达
在 2021 年开始探索将先进封装技术应用于 GPU 生产中，
采用 MCM 封装技术生产可组合封装多芯片 GPU 模块，在
传统芯片组成架构上集合高带宽内存、张量核心/矩阵核
心、光线追踪等硬件，实现更好地适应高性能计算环境。

4.1.2　当期重要进展或突破

国内 CPU 芯片架构多元化发展。x86 架构芯片方面，
兆芯推出 KX-6000 八核处理器芯片，采用 16 纳米工艺制
造，工作主频 3.0GHz，支持双通道 DDR4 内存，最大容量
64GB，截至 2021 年年底，已应用在多款国产笔记本上，
预计 2022 年将推出基于全新自主架构设计的服务器处理
器芯片以及桌面处理器芯片，进一步丰富 CPU 产品线。
ARM 架构芯片方面，飞腾公司推出 S2500 CPU 处理器芯
片，采用 16 纳米工艺制造，最高主频 2.2GHz，内含 64 个
内核，可拓展支持 8 路直连形成 512 核的计算机系统，现
已完成对中国移动磐基平台的兼容性认证。阿里于 2021
年发布基于 ARMv9 架构的通用 CPU 芯片倚天 710，采用
5 纳米工艺制造，单芯片容纳高达 600 亿晶体管，内含 128
个 CPU 核，主频最高达到 3.2GHz，内存和接口集成 DDR5、

PCIe5.0 等技术，有效提升芯片的传输速率。自研指令集方面，龙芯中科发布自主指令系统 LoongArch，从顶层架构到指令功能和 ABI 标准等全部自主设计，并于 2021 年基于 LoongArch 指令集成功发布处理器芯片 3C5000L 和 3A5000。3C5000L 芯片采用 12 纳米工艺制造，16 核设计，支持 4～16 路服务器，达到中高端主流服务器水平，可满足云计算、数据中心需求，此外积极进行生态建设，与合作方共享自研主板技术，加快生态完善。

我国 RISC-V 研究布局取得一定进展。国内科研院所以及头部企业深耕 RISC-V 处理器研发。2021 年 6 月，中国科学院计算技术研究所发布了国产开源高性能 RISC-V 处理器核心"香山"，其第一代产品"雁栖湖"已由台积电进行流片，采用 28 纳米工艺制程，裸片面积 6.6 平方毫米，单核二级缓存 1MB，预计功耗 5W，性能相当于 ARM A72/A73 的水平。2020 年 12 月，赛昉科技发布基于 RISC-V 架构的高性能处理器天枢系列，采用 64 位超高性能内核，在台积电 7 纳米平台主频可达 3.5GHz，此外该处理器产品还具备乱序执行、超标量设计、支持向量运算以及虚拟化技术等特点，处理性能和效率在全球 RISC-V 处理器中处于领先地位。2019 年，阿里平头哥发布基于 RISC-V 的处理器 IP 核玄铁 910，主频 2.5GHz，集成 16 核，扩展 50 余条指令，具备增强计算、存储、多核等特性。2021 年底，博流智能、晶视智能、爱普特、凌思微相继发布基于平头哥的玄铁 RISC-V 系列内核的芯片产品，覆盖高性能、低功耗等不同场景，可广泛应用于智能语音、AI 视觉、工业控制、车联网等领域。

国产 GPU 芯片百花齐放。景嘉微在 2021 年先后推出 JM7 和 JM9 系列 GPU，其中 JM7 采用 28 纳米工艺生产，已进入民用市场，另一款 JM9 系列芯片采用统一渲染架构，测试验证持续推进。天数智芯于 2021 年自主设计的 7 纳米云端训练芯片通用图形处理器(general-purpose computing on graphics processing units，GPGPU)已进入量产环节。摩尔线程于 2021 年发布 GPU 芯片，内置自主研发的 3D 图形计算核芯、AI 训练与推理计算核芯、高性能并行计算核芯、超高清视频编解码计算核芯等，并已经开始适配国产主流 CPU 和操作系统。壁仞科技于 2021 年宣布其设计的通用 GPU 芯片 BR100 正式交付台积电生产。芯动科技于 2020 年推出风华 GPU，采用 Chiplet 和 GDDR6(独立显卡)技术，支持多核并行处理，适配国内桌面市场。

4.2　专用架构芯片

4.2.1　全球态势与国内现状

人工智能芯片通用技术架构基本成型。过去 10 年，人工智能训练的计算复杂度每年增长 10 倍，算力需求提升 300 倍，远高于人工智能芯片每年的增速，现有人工智能芯片算力供给与需求存在巨大鸿沟，加速了人工智能芯片架构的创新发展。目前，人工智能算力已占全球算力规模的 20%，年均增速超 100%，成为未来算力发展的主要贡献者和增长点。随着人工智能应用逐步推广普及，业内对人工智能芯片通用架构基本达成共识，如图 4.1 所示，主要涵盖深度学习专用指令集、高并行架构、专用张量处理单位、高能效内存体系、高速易扩展的互连模块等架构技术，同时结合云端、终端应用场景以及训练、推理处理阶段选择特定技术方案[43][44]。

	阶段0	阶段1	阶段2	阶段3
	并行计算架构	专用加速架构	可重构架构	自适应架构
特征	入门级 通用加速	软硬件耦合	灵活性 高能效性	环境自适应 用户自定义
代表 类型	英伟达GPU	ASIC(TPU、NPU) 如谷歌、华为、地平线等	可重构芯片 (DNN、类脑) 如清华Thinker	智能编程 +可重构
适用 场景	云端	云端/终端	终端(IoT)	终端(IoT)
	现阶段主流，规模商用		实验探索，流片验证	理论预言，不成熟

图 4.1　人工智能芯片架构演进历程

工程化落地及规模化应用是目前的关注重点。已形成云侧和端侧全场景的人工智能芯片方案，云侧基本被英伟达 GPU 芯片掌控，端侧场景高度碎片化，现已形成一批落地产品。在云侧，英伟达构建以 GPU 和统一计算架构 (compute unified device architecture，CUDA)为核心的软硬件一体化产业生态，占据市场绝对优势。2021 年 11 月，英达伟发布 NVIDIA Triton 开源软件，可支持多种深度学习模型框架，大幅降低 Triton 推理服务器针对多个模型服务的开发和维护成本，提升图像处理、自然语音处理等方面处理性能。在端侧，智能手机、自动驾驶等重点应用领域的人工智能芯片发展百花齐放。智能手机领域，目前中高端智能手机 SoC 芯片中基本都配置了人工智能加速单位，2021 年 9 月，苹果发布最新 A15 Bionic 处理器，采用台积电 5 纳米工艺，搭载了 16 核神经网络引擎，每秒可以完成 15.8 万亿次人工智能运算，可运行更加高速的机器学习任务,能够支持实现 iOS 15 系统中相机的实况文本功能。自动驾驶领域,2021 年 4 月,英伟达发布下一代自动驾驶芯片 Atlan SoC 平台,采用 5 纳米制程,集成安培架构 GPU 核心、基于 ARM 的 Grace CPU 核心、深度学习和计算机视觉加速器单元以及 BlueField DPU 核心,单颗算力达到 1,000 TOPS,相比上一代 Orin 算力提升接近 4 倍,预计将于 2025 年大规模量产上车。

自动驾驶计算芯片和智能座舱主控芯片进入集中爆发阶段,引领汽车智能化转型。架构方面,按分布式、域集中式、中央计算式逐渐演化,当前处于分布式向域集中式过渡阶段。短期内,自动驾驶高性能芯片和智能座舱主控芯片将分别演进,高通、英伟达、英特尔、地平线等新进企业和恩智浦、瑞萨等传统大厂按照各自技术路线分别演进。长期看,随着自动驾驶高性能芯片成熟,将融合座舱域芯片,向中央计算平台进化。技术方面,座舱、自动驾驶芯片在信息技术渗透程度、附加价值等方面优势明显。全球主要汽车芯片厂商多采用 IDM 模式,以其独有工艺保证汽车芯片在温度、质量、使用寿命和可靠性等方面的高标准,以满足安全驾驶的需要。随着汽车智能化时代的到来,感知、地图、通信等多种数据融合、决策与规划算法运算等过程,需要更强劲的"大脑"来实现统一实时分析、海量数据处理和复杂逻辑运算。目前,高通、英伟达已先后宣布将于 2022 年推出基于 5 纳米工艺的自动驾驶芯片,预估后续高性能汽车芯片对先进工艺制程的依赖程度仍将与日俱增。英特尔、英伟达、华为、地平线、特斯拉、高通等主要企业均计划在 2022 年左右推出新一代高性能自动驾驶芯片，单芯片普遍达到 100TOPS，能耗比达到 3TOPS/W。产业方面，芯片企业提供一体式和开放式供应方案，软硬结合形成计算平台进入 Tier1 行列，我国企业参与程度较高。初期车企多采用一体化方案以降低门槛，长期来看则需形成差异化竞争力。智能计算解决方案得到车企重视，传统 Tier1 厂商不具备芯片设计能力，芯片企业进入 Tier1 行列。北汽、上汽、长城、吉利、理想、蔚来、长安等主要国产汽车厂商积极与芯片企业加强对接合作，有计划在新一代车型中采用相关芯片及解决方案。

专用计算芯片 DPU 初登舞台，头部企业加速布局。DPU 作为未来数据通信安全的核心部件之一，其功能涵盖网络处理、安全和存储，可应用在网络虚拟化、硬件资源池化等基础设施层服务。目前主流云服务商采用自研芯片来构建云计算优势的策略，英伟达、英特尔等头部企业借助网络、计算等优势加速布局 DPU 市场，技术路线呈现多样化[45]。英伟达凭借 Mellanox 网络优势和自身 AI、GPU 技术基础打造异构 DPU，在 2020 年成功推出嵌入式网络处理器 BlueField DPU，通过 ARM 核运行嵌入式 Linux 系统，控制众多加速器引擎实现加密解密、正则表达式匹配以及存储加速等任务；其最新一代 BlueField-3 DPU 芯片，是业界第一款 400G 速度的 DPU 产品，相比上一代产品计算能力提升 5 倍，加解密处理能力提升 4 倍，存储性能提升 3～4 倍，重点针对多租户、云原生环境进行了优化，能够提供数据中心建设发展所需的软件定义和硬件加速的网络、存储、管理和安全等服务能力。英特尔采用 FPGA、CPU 两条路线同步，布局高、中低端 DPU 市场。硬件设计采用 ARM Neroverse N1 架构，扩展使用非易失性内存主机控制器接口规范 (non-volatile memory express，NVMe)，并采用英特尔高性能 Quick Assist 技术部署高级加密和压缩加速硬件；软件方面可使用现有软件环境进行编程，并兼容英特尔 P4 编程语言来配置管线。国内企业也正在加紧研发和生态布局，产品性能与可靠性不断提升。其中，阿里、腾讯等云服务商以及华为等设备供应商均已形成自研 DPU 产品方案，部分已经部署在云服务器集群中提供网络和算力支撑。

4.2.2 当期重要进展或突破

国内企业加速布局人工智能芯片市场。当前，依托引入人工智能专用处理单元、低精度计算等模式带来的人工智能芯片性能增长红利逐渐临近极限，下一阶段将主要围绕软硬协同以及新架构、新理论等方面进行前沿性技术探索。软硬协同方面，采用可重构架构实现基于软件编程的硬件架构动态配置和快速部署，近似计算、稀疏化计算提升计算效率，编译器、应用程序编程接口、算法库等软件工具链和开发环境优化可促使解决方案快速落地。在云侧市场，国内寒武纪、燧原科技等企业纷纷发布自研人工智能云端芯片，产品对标英伟达 A100 芯片，但在易用性上仍存在较大差距，市场竞争力有待进一步提升。2021 年，燧原科技发布第二代人工智能训练产品邃思 2.0 芯片和基于邃思 2.0 的云燧 T20 训练加速卡，支持从单精度浮点到 8 位整数的全计算精度，单精度浮点峰值算力达到 40TFLOPS，对于超大模型的支持能力显著增强。寒武纪

发布第三代云端人工智能芯片思元 370 以及基于思元 370
的两款加速卡，思元 370 采用 7 纳米制程工艺，最大 8 位
整数算力高达 256TOPS，性能提升至第二代思元 270 算力
的 2 倍。在端侧市场，国内一批芯片厂商围绕特定场景研
发定制化终端推理芯片，满足多元化细分市场需求，厂商
具备与海外企业同台竞争的实力。2021 年，地平线机器人
宣布旗下征程 3 芯片实现了量产装车，首款搭载车型是理
想汽车 2021 款理想 ONE，采用了两颗征程 3 芯片，算力
达到 10TOPS，功耗仅为 6W，可提供导航辅助驾驶等功能。

　　高通发布全球首款 5 纳米制程的汽车芯片。2021 年 1
月，高通发布了两款 5 纳米制程的汽车芯片。搭载该芯片
的第 4 代骁龙汽车数字座舱平台开发套件预计 2023 年量产
交付。第 4 代骁龙汽车数字座舱平台支持驾乘者的个性化
设置、车内虚拟助理、自然语音控制、语言理解、驾驶员
监测、驾乘者识别，以及自适应人机界面等 AI 应用。通过
串行接口支持 16 路摄像头输入，以及以太网接口接入更多
摄像头，第 4 代骁龙汽车数字座舱平台可以实现车内环视
等功能。

　　国内初创企业积极布局 DPU 产品。中科驭数 DPU 基
于自研异构核架构，采用软件定义加速技术，实现网络协
议、机器学习和安全加密运算等运算功能，具备超高网络
带宽、定制化计算、高管理性能等优势；目前，公司第一
代 DPU 芯片 K1 在 2019 年完成流片，第二代 DPU 芯片
K2 的设计和验证工作已于 2021 年年底完成。北京网讯科
技推出具有自主知识产权的网络控制器芯片，在具备传统
千兆/万兆以太网控制器的数据适配功能之外，集成了网络

流量管理、安全管理、网络加速、网络融合以及网络虚拟化等功能。芯启源发布自主可控、基于 DPU 芯片的先进智能网卡 SmartNIC，采用可扩展的多核芯片 SoC 架构，兼具高性能、灵活可编程和专用处理器芯片低成本、低功耗的优势，并已具备成熟量产条件，可为国内 5G 通信、云数据中心、人工智能等场景提供解决方案。

4.3　Chiplet

4.3.1　全球态势与国内现状

Chiplet 是延续摩尔定律的重要路径。随着摩尔定律不断逼近物理极限，先进工艺技术研发难度和成本急剧增加，需通过材料、器件、装备等多环节同步突破方能实现整体突破，各环节都面临着基础原理、架构等颠覆性创新，创新难度前所未所有。多种工艺、多类模块间的集成封装和灵活组合，提升计算芯片整体效能将是未来几年的重点。从芯片设计的角度来看，如表 4.2 所示，Chiplet 技术集合了 SoC 芯片功耗低、延时小以及基于印刷电路板(printed circuit board，PCB)的分立方案成本低、设计周期短、风险小等优点，代表着未来芯片设计发展方向。目前英特尔、超威、英伟达等均基于 Chiplet 理念推动芯片产品创新。2022 年初，超威、ARM、高通、谷歌、元(原脸书)、微软、日月光、英特尔、三星、台积电等 10 家国际领先的集成电路产业上下游企业共同组建了通用 Chiplet 互连通道(Universal Chiplet Interconnect Express，UCIe)产业联盟，致力于制定开放的封装内 Chiplet 间互连接口协议，构建开放的 Chiplet 产业生态,促进不同厂商设计和生产的 Chiplet 之间互连互通和相互兼容,联盟相关标准预计将能减低相关芯片设计难度,规范制造与封装模式,促进技术进一步普及。集成电路制造商的优势一方面来源于其较为先进的技术能力,另一方面来源于当前先进封装的产业模式。由于先进封装技术普遍用于 Chiplet 间的高度集成,而当前尚缺少统一的 Chiplet 间互连通信标准,因此需要设计企业与制造企业进行深度合作,定制相关协议和互连接口,设计、制造、封装测试三个环节高度协同,第三方封装测试企业难以参与,导致在当前阶段传统第三方封装测试企业在 2.5D 和 3D 封装领域并不具备优势。

表 4.2　Chiplet 与传统芯片设计模式对比

比较项目	单片 SoC	Chiplet 芯片	基于 PCB 的分立芯片
设计成本	最高,7nm 芯片设计成本大于 2 亿美元	比单片 SoC 设计成本低	最低
设计时间	最长,一般大于 18 个月	较短,一般 12 个月,后续设计更快	最短,一般 6 个月
设计风险	最高,遗漏功能需要重新设计	较低,重新设计容易,可增减模块芯片	最低
性能	性能最强,集成度最高,较难针对功能模块自定义修改	性能较强,可根据模块功能选择芯片制程	性能最弱,存在延时、PCB 过于复杂等问题
功耗	最低	接近单片 SOC 功耗	最高
上市周期	最慢	较快	最快
产品尺寸	最小	较小	最大

先进封装技术为 Chiplet 落地应用提供了重要支撑。Chiplet 是通过将传统单颗芯片分解为可复用的芯粒，再通过不同芯粒间的组装实现芯片产品，在此过程中，尽可能减少芯粒间的布线数量、提升芯粒间的信号传输质量，是 Chiplet 发展的重要前提之一，高密度、大带宽布线的先进封装是现阶段实现 Chiplet 的关键。在 2.5D 封装技术方面，台积电早在 2013 年末就已发布了其初代基于中介层的 2.5D 封装技术 CoWoS，并用在赛灵思的 Virtex-7 HT FPGA 芯片上，使其成为了全球首款异构可编程器件，后续技术也在英伟达 A100 GPU 芯片上实现应用，在 2021 年台积电公布了其面向高性能计算应用的第五代版本 CoWoS-S，已被苹果公司 M1 Ultra 处理器芯片采用，将苹果公司的两颗 M1 Max 处理器芯片进行一体化封装，实现了核心数量、内存带宽等性能的翻倍，此外台积电还在 2016 年推出了扇出型 2.5D 封装技术 InFo，已在苹果 A10 手机处理器芯片上应用；英特尔在 2018 年发布了其 2.5D 封装技术 EMIB 和使用该技术的处理器产品 Kaby Lake-G，实现了英特尔处理器和 AMD GPU 的一体封装，并在 2020 年发布的 Agilex 系列 FPGA 产品上也采用了这一技术；三星在 2019 年发布了 2.5D 封装技术 I-Cube，将 1 个高带宽内存和逻辑芯片连接在中介层上，封装在一个芯片内，使信号完整性提高 50%，并首先在百度公司的昆仑芯片上实现应用，在 2021 年 11 月更新了其新一代 2.5D 封装技术 I-Cube4，可在中介层上实现 4 个高带宽内存和逻辑芯片的互连，使性能进一步提升；传统第三方封装行业头部企业安靠和三星在 2021 年宣布联合开发 2.5D 封装技术 H-Cube；日月光则在 2020 年发布了 2.5D 封装技术 FOCoS。在 3D 封装技术方面,2021 年台积电的 SoIC 3D 封装技术被用于实现 AMD 的三维垂直缓存,在 EPYC 系列服务器处理器上开展应用,互连密度是二维芯片的 200 倍;英特尔在 2018 年发布了其 3D 封装工艺 Foveros,在 2021 年发布了使用该技术的首款处理器 Lakefield,实现了一大四小异构内核的一体封装,同年还发布了面向其下一代 3D 封装的 Foveros Omni 和 Foveros Direct 两种新工艺,其中 Foveros Direct 采用混合键合工艺,不需要微凸点即可连接上下两个 Chiplet,缩短了信号传输距离[15];三星在 2020 年 8 月发布了 3D 封装技术 X-Cube[46],并表示实现了业界首款 3D 静态随机存取存储器(Static Random Access Memory,SRAM)芯片。

我国企业积极布局先进封装产业。2021 年,我国企业持续加大了在先进封装技术领域的资金投入,在系统级封装、2.5D 封装等领域取得了一定进展。长电科技近年来开始重点布局系统级、晶圆级和 2.5D/3D 等先进封装技术;通富微电掌握了扇出、凸点等先进封装所需工艺,2.5D、3D 封装已开始导入客户;华天科技 2021 年进行了 2.5D 侧装的中介层(10∶1 直孔)工艺开发,并募资 51 亿元用于增强自身先进封装能力,将用于推动高密度系统级封装等多个项目;甬矽电子是在 2017 年成立的面向先进封装领域的初创公司,已具备系统级封装和高密度封装能力,凸点间隔可达 80 微米,具备在单一封装体内同时封装 7 颗 Chiplet 的能力。

4.3.2 当期重要进展或突破

长电科技发布 XDFOI 全系列极高密度扇出型封装解

决方案。2021 年 7 月，长电科技正式推出了其无硅通孔晶圆级高密度封装技术 XDFOI，相较硅通孔封装技术，具备更高性能、更高可靠性以及更低成本等特性，在线宽或线距达到 2 微米的同时可构建多层布线层，结合极窄节点凸块互连技术，可集成多颗 Chiplet、高带宽内存和无源器件，可用于高集成度需求的芯片产品。XDFOI 解决方案已完成超高密度布线技术研发工作，已进入样品验证阶段，预计将于 2022 年下半年完成产品验证并实现量产。

4.4　存算一体

4.4.1　全球态势与国内现状

存算一体技术受到政府和产业界高度重视。2019 年，美国启动电子复兴计划，其中 FRANC 项目群的目标是寻求超越传统计算架构的创新，减少数据处理电路中移动数据的需求，最终带来计算性能的显著增加。2020 年 IMEC 联合格芯开发出适合边缘计算的 AI 芯片 AnIA，用于模拟内存计算，峰值算力可以达到 23.5TOPS，能效达到 2,900 TOPS/W，并朝着 10,000 TOPS/W 的目标迈进。AnIA 的成功试产不仅表明模拟存算一体是切实可行的，能效比数字加速器高 10～100 倍。随着存算一体芯片性能的提升，将逐渐具备在算力网络中的支撑能力，取代 GPU 的部分功能，区块链是率先布局的场景。2021 年 6 月，中科声龙推出首款存算一体高通量算力芯片茉莉 X4，访存带宽 1Tbyte/s，存储容量 5Gbyte，处理能力达到 65MH/s，功耗只有 23W，支持 ETHASH 算法，可对以太经典或以太坊区块链网络提供算力支持。

　　围绕 AI 计算、矩阵计算、搜索计算、感存一体计算等方面的架构实现，成为存算一体科研创新重点方向。其中，AI 计算方面，围绕字母、人脸等图像识别已有相应科研成果。2015 年，加州大学圣巴巴拉分校 Prezioso 团队制备了 12×12 的忆阻器阵列，构建了一个小型的单层感知机系统，对 33 幅 3×3 的 "Z"、"V"、"N" 字母图像进行了正确分类。网络实现过程中，实际使用了 10×6 的忆阻器阵列，系统工作功耗约 $1W/cm^2$。2016 年，意大利国家研究委员会下属实验室提出了一种基于忆阻器阵列的脉冲神经网络，使用生物神经网络的脉冲时间依赖可塑性学习规则进行训练。利用二氧化铪多值忆阻器实现对 5 种字母 "A"、"E"、"I"、"O"、"U" 非监督学习。2017 年，清华大学姚鹏等制备了 128×8 的多值忆阻器阵列，对包含 $320(20 \times 16)$ 个像素点的人脸图像进行训练和识别。单幅图像识别耗能可低达 61.16nJ，识别速度可高达 34.8ms，识别率超过 85%[47]。

　　感存一体计算方面，包括触觉/压力感存算一体、视觉/光学感存算一体和嗅觉/气体感存算一体三大重点方向。触觉/压力感存算一体方面，2016 年，南洋理工大学将阻变压力传感器和阻变存储器串联起来形成触觉记忆单元。这种器件组合利用分压原理存储感受器信号：当有外部压力施加在压力传感器上时，传感器本身的电阻值会降低，进而升高阻变存储器两端的电压，当该电压高于阻变存储器的阈值电压时，存储单元就会发生阻变，从而将触觉传感器信号记录下来。视觉/光学感存算一体方面，2019 年，香港理工大学提出的双端光电阻存储器件(optoelectronic resistive random access memory，ORRAM)，不仅可以进行图像感知和记忆，而且实现了降低图像背景噪声等图像预处理功能。该结构的 ORRAM 在不同光照条件下 Mo 离子6+和 5+价态的转换率不同可以调控器件阻态，实现光可调可塑性突触模拟人脑的学习和记忆功能。嗅觉/气体感存算一体方面，2017 年，斯坦福大学将 100 多万忆阻器与 200多万碳纳米晶体管集成，可感知周围气体，并转化为电信号存储在 ReRAM 中。与之前训练学习的气体数据进行对比，从而识别出所检测的气体种类。

　　矩阵计算方面，图计算是重点突破方向。包括网络安全、社交媒体、网页评分和引用排序、自然语言处理、系统生物学、推荐系统等。由于图计算应用的数据局部性差且数据量很大，目前用来处理图计算的系统面临性能不佳且能耗过高的难题。图计算中大量操作都可以转换成矩阵乘的形式，因此可以用基于 NVM 的存内计算来处理，综合考虑图数据的预处理，稀疏矩阵的分隔和映射，以及硬件控制和数据流设计，能够高效且低能耗地支持图计算应用。

　　搜索计算方面，主要聚集在与基因工程领域的融合应用。生物数据的暴增给现在诸如基因序列查找/匹配的应用带来了很大的挑战。由于生物数据的量太过庞大，传统计算机系统片上片下数据移动量太大，系统能耗是一个很大的问题。基于忆阻器的内容寻址存储存内计算能利用内容寻址存储的极速查找能力，提供很高的硬件并行度，同时在存内处理能降低数据移动的能耗，适用于大规模生物数据处理。因此，存内计算给基因工程的发展提供了机遇。

从存算一体芯片所使用的器件角度来看，基于 NOR Flash 存储器的存算一体已进入产业化应用阶段。人工智能物联网领域是现阶段应用重点，预计未来 5 年将取得快速增长。存算一体具有低功耗和适用于低精度 AI 的特性，能够作为协处理器应用于智能终端等人工智能物联网场景。基于 NOR Flash 的存算一体芯片已进入市场化阶段，2021~2022 年，知存科技先后发布 WTM1001 和 WTM2101 两颗基于 NOR Flash 的存算一体芯片，持续重点布局语音活动检测唤醒、语音识别、通话降噪、声纹识别等，应用在多个嵌入式领域中，包括健康监测，以及极低功耗(毫安级)的视觉识别。未来 5 年将快速渗透到人工智能物联网多种场景，取得快速增长[48]。

而基于新型非遗失存储器件的存算一体将在未来几年进入商用。2008 年首次实验室制备忆阻器，为存算一体技术的实用化带来契机，并围绕忆阻器等 NVM 器件开展存算一体研究。2017 年，密歇根大学通过一个 32×32 阵列演示了稀疏编码。2018 年惠普和麻省大学实现 8K 阵列上显示手写体数字的图片数据集识别。同年，松下发布宏电路(4M)多层感知机。2019 年新竹清华大学/台积电实现宏电路(1M)卷积核计算；北京大学联合兆易创新研发神经网络计算芯片。2020 年，斯坦福大学/清华大学研发出宏电路(64K)限制玻尔兹曼机，清华大学实现多阵列存算一体系统卷积神经网络(16K)，并实现全系统集成芯片多层感知机(160K)。基于 NVM 的存算一体芯片历经 12 年，从模拟电路到数字电路，并在 2020 年诞生完整的存算一体芯片，随着高性能忆阻器取得突破，基于 NVM 的存算一体芯片将进入商用阶段。其中 ReRAM 工艺可以与 CMOS 兼容，具有高速读出、寿命长、功耗低、可 3D 集成等优点，初具产业化潜力。台积电正开展 STT-MRAM 攻关，未来 2～5 年将实现突破。存算一体不同技术路径对比如表 4.3 所示。

表 4.3　存算一体不同技术路径对比

比较项目	传统存储器件				新型存储器件		
名称	SRAM	DRAM	NAND Flash	NOR Flash	MRAM	PCM	ReRAM
非易失	否	否	是	是	是	是	是
读取时间 /ns	1～100	30	50	20～50	2～20	20～50	10～50
写入时间	1～100ns	15ns	1ms	5s	2～10ns	50/120 ns	1×10^{-4} ns
寿命(重复擦写次数)	10^{16}	10^{16}	10^5	10^5	10^{15}	10^8	10^8
优点	快速	快速	高速读写	工艺成熟，不需要 I/O	寿命极高，功耗低	工艺简单	与 CMOS 工艺兼容，功耗低
缺点	难以扩展	有破坏性、难以扩展	需要 I/O，难以模拟计算	寿命较短，写入慢	干扰严重	昂贵，功耗高	串扰严重，难以微缩
已有产品容量	MB 级	GB 级	TB 级	—	GB 级	GB 级	—
代表公司	英特尔	三星、海力士、美光	三星、海力士、美光	华邦、旺宏、兆易创新、知存科技	Everspin	英特尔、美光	Crossbar

目前存算一体产业链与半导体产业链高度重合，各产业链环节深度绑定集成电路产业。在材料领域使用硫属化物玻璃材料、氧化铪、铁磁材料等特种材料；在设计方面，矩阵计算单元、图计算单元等要用到模拟电路设计，在外围读出电路，数模/模数等则要用到数字电路设计；在制造方面，既用到逻辑工艺，也用到存储器工艺，具有较高的技术要求。总体来说，存算一体可以与集成电路产业共享产业链条。代工厂、IDM 企业一直在为新兴 NVM 开发先进制程技术工艺。三星晶圆厂一直专注于嵌入式 MRAM，并率先在 2019 年 3 月宣布量产(28 纳米 FD-SOI)。格芯以嵌入式 MRAM 进入市场，取代 22 纳米 FD-SOI 上的嵌入式闪存，正在为更先进工艺(12 纳米 FinFET)开发类似于SRAM 的版本。台积电提供 22 纳米工艺节点的嵌入式MRAM，以及 40 纳米和 22 纳米工艺节点的 ReRAM。台积电 ReRAM 的目标应用是低功耗、低成本的物联网和集成电源管理。联电正在开发 28/22 纳米的 MRAM 和ReRAM。

科技巨头和初创企业纷纷加大投入。第一，IBM、台积电等科技巨头积极投入到存算一体研究中。IBM 重点布局 PCM，2018 年提出了全新芯片设计的方案，通过 PCM存储技术实现在数据存储的位置执行计算来加速全连接神经网络的训练，且该芯片可以达到 GPU 280 倍的能源效率，并在同样面积上实现 100 倍的算力。惠普和台积电重点布局 ReRAM，2010 年惠普实验室再次宣布忆阻器具有布尔逻辑运算功能，这意味着计算和存储两大功能可以在忆阻器上合为一体，可能从根本上为颠覆传统冯·诺依曼架构奠定了器件基础。三星重点布局 DRAM。2017 年，三星存储研究部门联合圣芭芭拉大学，推出了 DRISA 架构，实现了卷积神经网络的计算功能，提供大规模片上存储的同时也提供较高的计算性能。Intel 重点布局 SRAM，联合密歇根大学从 2016 年开始展开基于 SRAM 的计算型存储/存算一体研究。2016 年，基于 SRAM 实现了支持逻辑操作的可配置的存储器，并在此基础上实现了支持无进位乘法运算的计算型 Cache。2018 年发布了面向深度学习算法的神经 Cache，算术计算可以实现加法、乘法和减法操作。第二，存算一体初创企业涌现，投融资进入活跃期，迎来产业化转折点。存算一体初创公司蓬勃发展，在北美和中国先后涌现出多家初创公司。恒烁半导体、知存科技、闪易半导体、九天睿芯、杭州智芯科、后摩智能、苹芯科技等企业从 2015 年至 2021 年先后成立，已先后完成芯片设计和流片。较早成立的初创公司倾向于采用较为成熟的 NOR Flash 器件，近几年初创企业加快布局 SRAM 领域，但是 ReRAM 等新型非易失存储器件还只在初创企业的蓝图中，尚未实现流片量产。存算一体完成早期实验室技术积累，迎来产业化发展和落地应用的转折点。存算一体受到资本市场高度关注，在中美两国涌现的初创企业均获得投融资机会。从 2021 年开始，在我国半导体产业政策资金双重助力下，存算一体领域投融资尤为活跃，知存科技于 2022 年初已完成 B1 轮融资，九天睿芯、闪易半导体、后摩智能等国内初创公司也已完成 A 轮和天使轮融资。相较美国初创企业融资已进入 B/C 轮，我国主要还集中在天使轮和 A 轮，资本响应速度慢于美国。除了知存科技已实现量产，大部分初创企业均已完成设计流片并预期将在近期实现量产，2021 年成为存算一体产业化元年。

存算一体在器件性能、开发设计、落地应用等方面还存在诸多问题。器件方面，现阶段仍主要基于成熟存储器件进行芯片设计制造，新型非易失存储器件存在均一性、循环耐久性、器件状态漂移等问题[49]；工艺方面，CMOS 工艺和存储工艺存在差距，统一支撑将增加硬件开销；设计方面，缺少标准化的异构编程框架，数据映射、数据流配置缺少专用工具；应用方面，存算一体计算精度还比较有限，也因此限制了落地场景，短期内难以与 AI 芯片竞争。存算一体未来将就器件、工艺和应用等方面寻求突破。器件方面，将从基于 NOR Flash 的存算一体芯片向基于多种非易失存储器件的存算一体芯片演进；工艺方面将从平面设计向 3D 堆叠发展，设计工具将从通用 EDA 向专用工具链发展；应用方面将从人工智能物联网低功耗场景向高性能 AI 训练领域发展，并逐渐形成相应的算力布局。

4.4.2　当期重要进展或突破

三星人工智能技术内存生态系统集成解决方案成为 HotChips 热点。在 2021 年 HotChips 上，三星展示了新的人工智能技术内存生态系统集成解决方案，成功将基于存内处理(processing-in-memory，PIM)的高带宽存储器(high bandwidth memory， HBM) 整合到商用化加速器系统 HBM-PIM 中，并扩大 PIM 应用范围至 DRAM 模组和移动内存，从而加速实现内存和逻辑的融合。HBM-PIM 系统使用 Xilinx Alveo AI 加速器系统，可将整体系统性能提高 2.5 倍于标准速率，同时降低 70%的能耗，能在 DRAM 模块内进行"处理"，尽可能减少 CPU 和 DRAM 之间的大量数据交换，以提升 AI 加速器系统的能源效率，大大提升了系统性能和效率[50]。

三星推出基于 MRAM 的存算一体芯片，可用于下一代 AI 运算。2022 年 1 月，三星公布了基于 MRAM 的存算一体芯片，相关论文在 *Nature* 发表[51]。三星通过架构创新提供了解决方案，成功开发了一种 MRAM 阵列芯片，应用了名为"电阻总和"新型内存计算架构，解决了单个 MRAM 器件的小电阻问题。三星的研究团队通过该 MRAM 芯片进行 AI 运算，并对其性能进行了测试，结果显示在手写数字分类方面的准确率达到了 98%，而在场景中检测人脸方面的准确率达到了 93%。

我国企业知存科技推出了存算一体芯片。2022 年 3 月，知存科技发布基于 NOR Flash 的量产存算一体芯片 WTM2101，算力高达 50GOPS，深度学习算法参数量支持高达 1.8M 个，可同时运行 2～3 个高性能模型，相较于可穿戴设备现有芯片在 AI 算力上有数十倍到百倍的提升。WTM2101 在运行同样的高算力 AI 算法情况下，可将功耗降低数十倍到微安级别，让仅有数十毫安时电池的可穿戴设备同样能够拥有语音唤醒和识别能力；且可以运行全音素算法模型，不仅唤醒功耗低，即使是免唤醒的数百个命令词识别，整体功耗也低于 1mA。

4.5　高速光模块

4.5.1　全球态势与国内现状

　　高速光模块是构成现代通信系统的重要组成部分。光纤已经成为信息传输的最主要介质，通信速率和带宽的提升，正是源于光模块速率的提升，在接入、传输、数据中心等细分领域均发挥着至关重要的作用。最近 30 多年来，互联网、移动通信、云计算等相继蓬勃发展，对网络速率提出了愈来愈高的要求。高速光模块作为组成系统的最重要组件，其技术和性能也在持续进步之中，如表 4.4 所示。当前，100G/200G 已大规模部署，400G 系统正进入商用，800G/1T 即将产品化。除了高速率，低功耗、小尺寸(高集成度)亦是高速光模块的发展方向。

表 4.4　高速光模块的主要属性及其演化

属性	演化或分类
传输速率	155M、622M、1G、1.25G、2.5G、10G、25G、40G、50G、100G、400G、800G、1T ……
调制格式	NRZ、PAM4、DP-QPSK、DP-nQAM ……
封装类型	XFP、SFP、SFP+、SFP28、QSFP、QSFP28、CFP、CFP2、QSFP-DD、OSFP ……
并行方式	双纤双向、单纤双纤、多纤、CWDM、DWDM ……
传输距离	100m、300m、550m、10km、20km、40km、80km、120km、160km ……

　　高速光、电芯片是高速光模块的核心，中国亟须突破。

光模块是以光、电芯片为核心，通过封装将其他必要部件结合，共同形成一个整体，主要实现光信号的发送、接收等功能。有源光收发模块在光通信器件市场中占比最大，约为 50%～70%。光收发模块由光发射组件(包括激光器、调制器、光合波器等器件)、光接收组件(包括光放大器、光探测器、解调器、光分波器等器件)、驱动芯片、跨阻放大器、印制电路板、光纤接口等组成。光模块的关键部件是光芯片(如激光器、光调制器、光探测器等)和配套的电芯片(如驱动器、跨阻放大器、模数/数模转换器等)，占光模块成本的 80%左右(通常光芯片占比 40%～60%，电芯片占比 10%～30%)[52]。高速光、电芯片的技术门槛高，制造工艺复杂严苛，尤其是高速激光器芯片的对外依赖较大，目前美日欧企业占据高速芯片的主要市场份额。我国在中低速芯片已取得较大进展，具备 10G 及以下速率芯片供货能力，25G 及以上速率芯片也已取得突破。

高速光模块在 ICT 各领域应用广泛，速率不断提升。信息速率指数级的攀升，使得铜等传输介质的应用距离不断缩短，光口成为各信息设备最主要的接口形式。相应地，高速光模块广泛应用于数据中心、基站、路由器、交换机等。近年来，全球超大规模数据中心建设投入继续上升，速率从 100G、200G、400G 向 800G、1T 演进。5G 在全球的规模化部署，疫情导致数据中心/云计算需求的攀升，以及元宇宙等将对带宽形成的巨大消耗，使得高速光模块的需求在较长期的时间内仍将激增。各种速率级别的高速光模块，如 25G、100G、200G、400G，将在前传、中传、回传、长途等通信网络中大规模采用。根据 LightCounting

给出的数据[53]，2026 年在以太网光模块方面，全球主要的云厂商(阿里、亚马逊、脸书、谷歌和微软等)的支出将增加到 30 亿美元，800G 模块成为主流，且将引入光电共封装技术。

高速光模块技术持续演进。速率提升，带来技术难度成倍增长。高速光模块采用信息光电子领域的最先进技术，如高阶调制技术、相干接收技术、光子集成技术、光电集成技术等。高速光模块不断向小型化、热插拔、低成本、低功耗、高速率发展，并且呈现集成化、智能可调的明显趋势[54]。工艺和技术的进步，从模块封装上得到直观体现。以 100G 为例，由于光子集成不断进步，加上同期电芯片工艺由 45 纳米、28 纳米向 14 纳米、7 纳米演进，模块封装在数年内出现了 CFP/CFP2/CFP4、CXP 和 QSFP28 等多种形式。随着光电共封装技术的进步，高速光模块可能从传统的板边可插拔形式向板内光电一体化形式发展[55]。业内预测，2026 年 800G、1T 速率的光互连中，光电共封装将占比近 1/7。如果最终实现光电单片集成，高速光模块的成本、功耗、尺寸等预期会出现更大变化。

高速光模块市场竞争激烈，国外厂商占据主导。全球高端光模块和器件生产厂商以美国企业为主，日本企业也有很强实力。II-VI、Lumentum、住友、三菱等优势明显，并且仍不断通过并购重组提升竞争实力，加强产业链垂直整合，掌控高速光模块的先进技术研发及生产。相对而言，我国企业虽然已经取得一定进步，但竞争实力在市场上仍主要体现于中低速光模块领域。我国企业尚需进行更多技术积累和突破，方能提高高速光模块的市场占有率。

高速光模块对系统的决定性作用愈加显著，系统设备商发力介入。速率的提升，极大提高了芯片、器件和模块的技术门槛。在 40G 和 100G 阶段，出于降低成本、主导产业链等考虑，主要的系统设备商(如华为、思科、烽火等)通过自制光模块等举措愈来愈明显地纵向拓展介入上游核心环节，对高速光模块的技术进步、产业化的推动作用十分明显[56]。在 400G 及更高速率阶段，这种介入力度更大，提高向上游渗透的一体化垂直整合能力已成为全球系统设备龙头企业的长期战略。

4.5.2 当期重要进展或突破

高速光模块以电信网和数据中心为主要市场，一方面向更短距离渗透，另一方面向更高速率、更大容量、更小尺寸和更绿色节能的方向演进。数通光模块增速迅猛，预计数通市场将逐渐超过电信市场。谷歌、脸书、亚马逊、微软和百度、腾讯、阿里等云计算服务提供商对高速光模块需求强烈，全球 400G 数通光模块年需求量将超过 50 万只。在短距范围，基于 25G 速率的高速光模块成为主流，一般采用直调直检技术。在城域范围，模块速率提升到 50G、100G、200G 等多种，可采用直调直检并辅以 DSP 进行电域处理，或者采用相干接收技术。在长距范围(表 4.5)，发端进行多进制的 IQ 调制，收端通过复杂的相干光接收保障性能，光模块速率逐步从 100G、200G 提升至 400G、800G，2024 年有可能演进到 1.6T[57]。

表 4.5　长距光传输用高速光模块速率和技术代际演进情况[57][58]

特征代际	第一代	第二代	第三代	第四代	第五代
商用年份/年	2010	2013	2017	2020	2020
最高速率/G	100	200	600	400	800
波特率范围/Gbaud	28～32	32～45	56～69	32～64	80～100
调制码型	(D)QPSK	QPSK/8/16QAM	PS/Hybrid QAM	PS+16QAM	PS+64QAM
新特性	集成相干接收机，相干 oDSP	Nyquist 脉冲整形，SD-FEC	新调制码型，实时监控参数上报	低功耗可插拔封装，标准化 FEC 支持互通	高波特率器件，光芯片与电芯片及 oDSP 共封装
芯片制程/nm	65/40	28	16	7	7
每 100G 功耗/W	50+	20+	7+	～2	～15

高速光模块的进一步发展，依赖光子集成技术的进步。高速率、低能耗、低成本始终是光模块的发展要求，高性能光电子器件是光模块的基础，光子集成已成为光模块向前演进的关键支撑。Finisar、Lumemtum、Acacia 等在长距高速光模块上竞争优势明显，英特尔、Mellanox 等在短距高速光模块上竞争优势明显。Acacia 采用硅基光子集成技术，研制出 100～600G 系列速率的超小型硅基光收发器和模块，并在 2019 年实现 DSP 与硅光的集成。NTT 在 2019 年推出基于 InP 工艺的超 100Gbaud 光 IQ 调制器[58]。2020 年，英特尔、阿里、博创等均发布了 400G 硅光数通模块方面的成果，推动 400G 硅光芯片走向商用。2020 年，NTT

采用硅光子技术实现了 54GHz 调制带宽、52GHz 接收带宽的相干光收发组件(coherent optical sub assembly, COSA)[59]。2020 年, Analog Photonics 发布 400G-FR4 硅光子收发芯片, 每比特能耗低于 10pJ[60]。Infinera 在 2020 年推出基于 InP 平台的 50GHz 带宽双路集成相干光收发组件, 内置激光器, 可实现 2×800G 相干光信号的收发[61]。在硅基相干光模块产品方面, 思科旗下的 Acacia 的 100G/200G/400G 系列硅光相干收发模块占据全球相干光模块 30%以上的市场份额。新飞通在 2021 年 5 月发布 96G 波特率、3dB 带宽 60GHz 的相干光调制器和接收器, 可用于 600G/800G 速率可插拔光模块[62]。120Gbaud 的光收发组件和模块亦取得突破, 支持光模块速率向 800G、1T 提升[63]。2022 年 3 月, 英特尔实现了全集成的 800Gb/s PAM4 2xFR4 和 DR8 硅光子发射机[64]。

　　国内公司在市场竞争中逐步取得突破。国内公司在长、短距高速光模块方面均有布局, 并且都已发布 400G 相关模块产品, 量产能力逐步提升。光迅科技早在 2018 年就推出单波长 100G QSFP28 模块, 并在近两年发布 400G 光模块 CFP8、QSFP-DD DR4、QSFP-DD FR4 等。旭创科技、华工正源等也已具备400G光模块供货能力。新易盛在 2022 年推出 400G ZR(120km)、ZR+(480km)硅光相干模块, 相干 DSP 由美满提供[65]。OFC 2022 上, 新易盛进一步展示了基于硅光和 EML 技术的 400G QSFP-DD DR4 光模块(功耗小于 7W), 并演示了功耗极低的基于薄膜铌酸锂调制的 800G 光模块解决方案[66];旭创科技、亨通、华工正源、索尔思等发布数据中心用 800G 可插拔 OSFP SR8/2xFR4、

QSFP-DD800 DR8/DR8+光模块；光迅科技推出的 800G QSFP-DD 2x400G FR4 和 DR8 光模块,在 DSP 上集成驱动器,整体功耗低于 16W[67]。上述国内厂商近几年通过100G、200G 系列光模块的量产经验积累,产品正向高端领域迭代, 在 400G、800G 市场已具备一定竞争力, 但还需在关键光电芯片方面提升自主掌控能力。

4.6　硅基光子集成

4.6.1　全球态势与国内现状

硅基光子集成技术具有低成本大规模生产潜力。传统光器件主要基于Ⅲ-Ⅴ族半导体材料, 近年来在尺寸、成本及功耗等方面面临挑战。光子集成发展较快, 目前低集成度的光子芯片已成熟商用, 数百个光学元器件的高集成度光子芯片也取得进展[68]。硅基光子集成是重要方向, 基于硅或与硅兼容的材料, 由于其材料、制造工艺、装备等可重用大量现有成熟的 CMOS 产线, 故具有成本、人员等方面的优势。目前, 除了光源、放大之外, 硅光子可以制作出光通信所需的几乎所有元件。英特尔在 2004 年研制成功1Gb/s 速率硅光调制器, 使硅基光子集成向产业化迈进。2013 年, IBM 等将硅光子芯片速率提升到 50Gb/s,展示出硅光子在性能等方面的光明前景。所以, 硅基光子集成已被业界誉为"光层最根本的创新主线"。

硅基光子集成仍面临光源、标准 CMOS 工艺兼容、封装等技术挑战。一是光源、放大是硅基光子集成技术的重要瓶颈之一, 硅基材料发光效率低(硅材料属间接带隙半导体材料),2016 年 3 月英国研究人员展示了直接生长在硅衬底上的光源，虽然向实用化前进一步，但是硅基光源的商用技术方案仍不明朗，目前的产业化方案以异质光源混合集成为主[69]。二是硅基光子集成的生产工艺、封装等与电子集成相比有特殊性，部分参数、性能要求极其严苛，故面临着与传统 CMOS 工艺兼容、晶圆级自动化、低成本耦合等棘手问题。硅光芯片封装需要处理高温高压、光学化学、电子流体等各种环境界面，成本占比高达整个器件的80%。

　　硅基光子集成产业链持续壮大，产业前景较乐观。尽管硅基光子集成面临着诸多挑战，但在技术突破和资本投入的相互促进之下，硅基光子集成产业链在迅速完善、壮大，已覆盖了高校及科学研究机构、设计软件提供商、材料供应商、设计公司、制造厂商、封装测试厂商、芯片及器件提供商、系统设备厂商、服务商等各个环节。产业链涵盖了相关领域几乎所有的领先企业，一是传统的光电子企业，如 II-VI、Lumentum、博创、新飞通等；二是传统的微电子企业，如台积电、意法半导体等；三是初创企业，如 Ayar Labs、Lightmatter、PsiQuantum 等。尤其值得注意的是，几乎所有顶尖的系统设备(包括路由器、通信设备、服务器等)企业，如英特尔、Juniper、IBM、思科、NEC、NTT、惠普、华为、烽火等，都在硅光子设计、硅光模块方面深度介入，甚至脸书、阿里等应用企业也纷纷入场，这一方面充分说明业界对硅光子产业前景的乐观，另一方面也凸显硅光子在摩尔定律举步维艰的当下对于 ICT 领域继续进步具有的特殊重要性。

　　硅基光子集成产品不断推出，市场规模稳步提升。硅基光子芯片可广泛应用于通信、计算、传感等领域，在医疗、汽车、航空、军事等方面也有良好前景。Yole 预测，近几年硅光子产品的年复合增长率将达到 42%，2025 年销售规模可至 39 亿美金；在其最大应用场景光模块中，硅光子将以 46% 的年复合增长率增长到 2025 年的 36 亿美金[70]。近年来采用硅光子的光互连、光传输商用产品逐渐增多，比如英特尔、Inphi、Sicoya、思科/Luxtera 等的数据中心有源光缆产品；思科/Acacia、Sicoya 等的长距传输、城域 5G 前传/中传/回传等各类光模块产品。Ayar Labs、Rockly 等采用基于硅光子的光电共封装来实现的交换引擎方案也在探索和进步中。目前，基于硅光子的有源光缆已代替电缆成为数据中心架间连接主要选择，硅光子产品不仅已在 100Gb/s 光模块中成功获得应用，而且随着光模块速率上升到 400G、800G、1T 所导致的模块内光电子器件数量倍增，其将高度依赖硅光子来实现尺寸、成本、稳定性等方面的要求[71]。可见，硅光子在光收发模块上的市场前景已明朗，随着光电共封装技术进步，硅光子也将成为 25.6Tb/s、51.2Tb/s 等超高速交换引擎实现的关键。另外，除了数据中心、网络这两个主要领域，硅光子在传感、AI、医疗、军事等方面的应用亦会显著增长，比如 Google、麻省理工学院等基于硅光子实现 LiDAR、光学矩阵运算等；苹果公司基于硅光芯片在可穿戴产品上实现无创血糖检测。硅基光子集成产品的市场前景已毋庸置疑。

　　中国需加强对硅基光子集成产业链发展的重视，进行重点突破。整体来看，西方的硅基光子集成产业链完整，每个环节都有在全球占主导性地位的企业，比如材料等上游环节的 Soitec、ShinEtsu，设计和模块等环节的思科/Acacia、新飞通，制造环节的格罗方德，设计工具环节的 Synopsys，还有具备制造、设计、模块、应用等全环节能力的英特尔。完整的产业链，使得西方在设计、生产加工、软件开发等环节能相互促进和推动，产业生态良好。相对而言，中国虽然近年来在设计、模块、应用等环节有了长足进步，但在制造等部分环节需要重点突破，比如开发相关设计软件、构建元器件库、打造中试和量产线、摸索和掌握关键工艺等。总之，中国的硅基光子集成还处于起步阶段，在前瞻性基础性研究、工艺技术水平、产品工程化能力和产业链成熟度上需要弥补与国外的较大差距[72]。业界普遍认为，硅基光子集成的当下阶段与 20 世纪 80 年代微电子的发展阶段相仿，目前正是布局产业链、打造产业生态的关键时期。

4.6.2　当期重要进展或突破

全球范围内，硅光芯片在数据中心、光传输等场景中的应用持续提升。英特尔、思科(收购 Luxtera、Acacia)、诺基亚(收购 Elenion)等推出系列商用级硅光芯片。在数据中心硅光数通光互连方面，英特尔依靠其对硅光芯片 20 年的长期投入，已占据主要份额(根据公开报道，2021 年之前，英特尔即已供货 100G 硅光产品超 400 万只)[73]，并已发布粗波分用 100G、400G 硅光收发器。在路由器、光传输用硅光收发器方面，通过不断收购已具备硅光全面能力的思科推出 100G 及超 100G 速率的基于硅光子的高速光模块，市场份额领先。在高性能计算、AI 加速、交换引擎方面，英伟达、Ayar Labs、Lightmatter 等正推动基于硅光子的光学矩阵、光电共封装等技术走向产品化。在量子信息领域，PsiQuantum 等基于硅光子实现量子计算、量子通信所需的光子器件。

硅光芯片的速率、带宽等性能不断提升。以太网接口速率不断提升(图 4.2)，驱动硅光芯片技术进步。2019 年，英特尔发布单通道 128Gb/s PAM4 的微环调制元件，−3dB 频宽达 50GHz，发射机色散眼图闭合代价(transmitter and dispersion eye closure for PAM4，TDECQ)为 3dB[74]。OFC 2020 期间，日本 NTT 公司所发布的硅光相干收发器组件，集成了光调制器和相干光接收机，3dB 带宽均大于 50GHz，基于 96Gbaud 16QAM 实验证实了其用于 600G 和 800G 高速传输的可行性；新飞通实现了 100Gbaud/s 的硅光相干调制器；加拿大麦吉尔大学联合 Lumentum 实现了硅基 O 波段单波长 200G 净速率的 10 公里传输实验。以太网接口速率正向 Tb/s 量级演进，英特尔基于自身的硅光制造平台实现了 1.6Tb/s 的光子引擎，可提供 4 个 400Gbase-DR4 接口。2021 年，国内完成了 1.6Tb/s 硅基光收发芯片的研制和验证，共集成了 8 个通道的 200Gb/s PAM4 组件。2021 年，Macom 发布 400G-DR4 硅光收发芯片(宽 4mm、长 6mm)，采用新设计行波式 MZM，插入损耗 5dB，−3dB 频宽达到 43GHz，驱动电压小于 2Vpp。OFC 2022 期间，麦吉尔大学与爱立信合作，基于硅光的单段行波 IQ 调制器实现了 1.26Tb/s(105Gbaud/s，DP-64QAM)光信号的 80 公里距离标准单模光纤传输[75]；英特尔设计的 54GHz 带宽的硅基微环调制器，相位效率为 0.53V·cm，所调制得到的 224Gb/s OAM4 信号的 TDECQ 为 1.6dB[76]。以上成果代表了国际硅光子集成芯片技术的先进水平，揭示了 Tb/s 级硅光收发芯片技术路径的可行性和有效性。

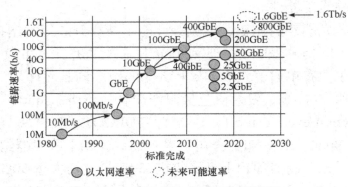

图 4.2　以太网接口速率演进图[77]

硅光芯片的制造服务环节逐渐改善，元件库、工艺产线、封装、测试、设计工具等环节渐趋完整。除了英特尔、IMEC 具备设计、制造的双重能力，其他硅光子公司需要委托台积电、格罗方德等代工厂完成芯片制造。2021 年，台积电推出集成统一光子引擎(compact universal photonic engine，COUPE)，可实现电、光芯片的集成封装。格罗方德增大在硅光制造上的投入，并于 2022 年 3 月发布硅光子平台 GF Fotonix，该平台还支持通过 2D/2.5D/3D 封装实现片上激光器、300GHz 级射频 CMOS 电芯片的混合集成。与 GF Fotonix 配套的 PDK 1.0 亦于 2022 年 4 月推出，格罗方德与 Ansys、Cadence、Synopsys 等设计软件公司协作，已能提供较为完整的设计套件、多项目晶圆、测试、制造等服务[78]。国内在硅光的制造、封装测试等方面的能力也在稳步提升中。

国内硅光技术持续进步。国内在硅光的机理研究和原型器件开发等方面取得了一系列重要成果，尤其在硅光多维复用技术、高速硅光调制技术、硅基异质集成技术和工艺、硅光高速传输特性及其应用等方面的研究水平位于国际前列。在产业化方面，国内多家企业致力于硅光技术开发和产品转化，100G 和 400G 产品已实现商用。国内在 2018年实现了 100G 硅基相干光收发芯片的量产，在 2019 年基于自主研制的 C+L 波段硅光相干收发器实现了 1.06Pb/s 超大容量光传输系统实验，在 2020 年实现了 200G 硅基相干光收发芯片商用。2021 年，国内继续多维度突破光电子芯片性能：超高速硅光调制方面，实现 110GHz 带宽的硅光微环调制器；超高速硅光探测方面，基于双侧向氮化硅波导光耦合结构实现 60GHz 的探测带宽[79]；高速硅光收发芯片方面，完成 1.6Tb/s 光互连用硅基光收发芯片的研制和传输验证[80]；超高速空间光无线通信方面，基于硅基超表面微型广播芯片实现多用户接入、双向、大视场角、高速的室内光无线传输[81]。此外，2021 年南京大学和中山大学合作，基于硅光芯片实现了测量设备无关量子密钥分发的小型化，并显著改善了稳定性等系统性能[82]；浙江大学引入亚波长波导结构，在硅光芯片上实现了对微纳光波导导模的场分布、等效折射率、双折射以及波导色散等模式特性的调控，探索出超紧凑硅光器件的有效解决方案[83]。2022 年，上海交通大学与墨尔本大学合作，采用硅光芯片进行远端传输光源偏振动态跟踪和信号偏振分集接收，从而实现具有低复杂度电处理优势的自零差探测，偏振跟踪能力达到 9Mrad/s[84]；北京大学实现了 110GHz 带宽的硅光调制器[85]；此外，国内还实现了带宽超过 67GHz 的 GeSi 电吸收调制器(electro absorption modulator，EAM)[86]。

4.7　混　合　集　成

4.7.1　全球态势与国内现状

材料特性各异，光电子集成的材料平台难以归一。不同材料有着不同的物理特性，决定了其可实现的功能、达到的性能存在较大差异。可用于制作光电子器件的材料有：Si 和 Ge 等元素半导体、InP 和 AsGa 等化合物半导体、SiO_2 和 SiN_x 等介质、聚合物、铌酸锂等非线性晶体。InP 是直接带隙材料，有优良的发光和高速性能，可实现众多功能，但在损耗、尺寸、成本方面无优势，不易与微电子融合。Si 是间接带隙材料，难发光，但损耗低，易与微电子融合。SiN 的损耗更低、尺寸更小[87]。此外，Si 和 SiN 材料平台都能和传统 CMOS 工艺兼容。玻璃的工艺简单，成本低，但能实现的功能很有限。聚合物成本低，制作简单，但在可靠性、稳定性等方面有待进一步改善。薄膜铌酸锂技术尚需更成熟。Si 和 InP 是当前的两种主流材料平台，表 4.6 以光通信用光电子器件为例，给出了 InP、Si、SiN 三种材料平台的差异。可见，受制于材料的物理特性，每种材料都有自身的长短，由于需要制作的光电子器件在功能上多种多样，仅采用一种材料不可能在所有功能、性能上都最优，这使得光电子集成材料平台很难完全归一到某一种。

表 4.6　三种主要材料平台在光通信器件方面的差异[27]

组件	InP	Si	SiN
无源器件	良	良	优
激光器	优	劣	劣
调制器	优	良	难
开关	良	良	难
光放大器	优	良	劣
探测器	优	良	劣

　　混合集成是实现光电子集成回路的必然要求。正是因为各种光电子器件所采用的材料及工艺差异较大，长期以来，光电子器件大都采用分立形式，难以基于一种材料实现多个功能器件集成。比如，Ⅲ-Ⅴ族化合物半导体(例如 InP)材料多用于光发射、放大、接收器件，光学薄膜材料或氧化硅材料适合制作光学滤波器件。但是，随着数据中心、光网络、终端等上游应用对光电子器件的功耗、成本、尺寸不断提出更高要求，光电子器件继续采用分立形式已很难适应这些高要求，光电子必须在集成化方面取得突破。最近 10 年来，不仅单个光电子器件的芯片化取得长足进展，比如基于硅材料的调制器等已能满足商用性能要求，而且多功能的集成产品也已经出现，比如基于 InP 材料将可调激光器与调制器集成，或基于硅材料将调制器与相干接收器集成。但如果要实现一个复杂、完整的光电子功能系统的集成回路，由于涉及众多功能各异的光电子器件，仅采用某一种集成材料平台在目前看来是无法实现的，这就使混合集成成为发展光电子集成回路的必然要求。

混合集成是超越摩尔方案之一，利于推动光电子技术更广泛应用。混合集成是用不同的制作工艺制作各部分元器件后，组装在半导体衬底或光学晶体衬底上，是与基于单种衬底材料的单片集成相对应的概念。广义的混合集成，也包括通过先进封装等方式实现多器件的一体化[88]。为了使信息技术能继续体现摩尔定律所展示的技术经济特性，混合集成避开对尺寸缩减的片面追求，从多功能集成、光电融合等维度实现超越摩尔。混合光子集成，是在一个基板上，将不同功能、不同材料的光电子器件(如探测器、调制器、激光器等)集成在一起构成回路，形成单一封装，从而有效降低成本、功耗、尺寸，提高可靠性。预计最近五年，混合光子集成芯片的年复合增长率将达到 25.3%，可广泛应用于通信、计算、计量、国防军工、医疗、汽车等各领域。混合光电集成，则是在光电子集成的基础上，进一步将电子芯片也涵盖并集成为一体。美国英特尔、德国Sicoya 等曾尝试实现光电的单片集成，但由于光器件、电器件对制程线宽的要求存在较大差异，目前业界对光电共封装更为关注。光电共封装技术已成为多个厂商实现 50T量级交换引擎的关键[89]。各种 2D、2.5D、3D 封装技术对于混合光电集成具有重要意义[90]。

混合光子集成技术存在诸多挑战。混合光子集成需要面对诸多技术难题，比如热隔离、电隔离、光耦合效率等。不同材料、不同功能器件之间进行超低损耗、超低回损、超高稳定耦合的难度很大。材料不同，光学性质和参数必然不同，导致相互之间的耦合必然在界面处形成一定发射(只能想法减小，无法完全消除)。激光器尤其对反射敏感，严重时会影响其单模特性和波长稳定度。混合光子集成需要实现大量有源器件(如激光器、调制器、探测器等)和无源器件(如硅波导、波分复用/解复用器、光交换、光开关等)之间的耦合，耦合性能将一定程度决定芯片的整体性能。

光源是硅光子混合集成的关键。当前光子集成的两种主要材料平台是 Si 和 InP，二者尽管各有所长，但考虑成本、基础等诸多因素，硅基光子集成有可能在未来占据大部分份额。这是因为硅材料有诸多优点：一是在 1.1～3.8 微米的大波段范围损耗低，并且有望通过工艺改进进一步降低；二是硅波导折射率高，所制器件尺寸可以很小(微米量级)，更易于高密度、大规模集成；三是可较大程度与传统 CMOS 工艺、产线、装备、人员兼容；四是硅材料既可做波导也可做微电子器件，适合进行光、电一体化集成；五是硅材料可靠性高，耐热、水汽和氧化，能够非气密封装。因此，目前混合光子集成的热点和难点是为硅基光子集成解决光源的问题，主要的方案有三种：一是倒装焊方式，工艺难度大，需进行高精度的深刻蚀和贴片；二是晶片键合方式，工艺复杂，成本高；三是在硅基材料上直接生长量子点光源，虽然现阶段量子点材料生长的成品率还很低，但如果一旦有实质性突破，将有良好前景。国内公司推出的产品多通过透镜等分立元件将激光器和光波导芯片耦合到同一个基板。晶片键合与倒装焊方式有很高的工艺难度，要求进行极高精度的对准，并配套开发对应芯片，需要高精度的芯片加工工艺和设备，全球仅少数顶尖公司拥有该能力，并且成品率不高，国内也在进行研究摸索。总体看来，混合光子集成技术尚需进一步改进或创新，以保证Ⅲ-Ⅴ族材料和硅基材料器件集成在一起之后的性能。

4.7.2　当期重要进展或突破

混合光子集成可以解决硅基光子集成的光源难题，混合光电集成可以实现光、电融合。

混合集成是硅基光子集成产业化的关键支撑之一。光源解决方案是混合光子集成的关注焦点。尽管具有低成本、高集成度、高可靠性优势的硅基光子集成是目前可预见的非常理想的光电子集成技术，但由于其当前阶段还不能有效解决发光与放大难题，因此必须借助混合光子集成技术，通过键合或者异质生长等方式，实现光源、放大器与硅基器件的集成。从某种程度上可以说，硅基光子集成技术的大规模产业化，很大程度上取决于混合光子集成技术的突破。目前光电子集成的光源解决方案有多种(图 4.3)[91]，一是通过透镜等将外部激光耦合到硅光芯片，二是通过键合等工艺将光源与硅光芯片集成在一起，三是在硅光平台上进行异质集成。

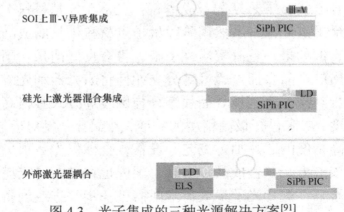

图 4.3　光子集成的三种光源解决方案[91]

　　伦敦大学等采用硅基材料上直接生长量子点光源的工艺，但量子点材料生长的成品率还有待提升。NEC、富士通等基于高精度的深刻蚀工艺，采用倒装焊方案，将放置Ⅲ-Ⅴ族光源芯片的硅底座刻蚀误差控制在纳米量级，结合硅光芯片上的模斑变换器，实现了硅光芯片端面的模场与Ⅲ-Ⅴ族出光面匹配。Macom 进一步开发出自对准蚀刻面技术(self-aligned etched facet technology，SAEFT)，置入预先设计的对准面进行光波导耦合，实现 DFB 入射，使这种被动式对准方式具备量产潜力。英特尔、意法半导体、Skorpios 等采用键合工艺，将 III/V 族半导体光放大器键合上硅基光芯片，该技术的耦合对准通过半导体精密工艺自动完成，规模生产前景好。2021 年 OFC 上，II-VI 公司展示了 3.2T 速率的接收光组件，由 1 个平面光波导(包含 16 个 4 波长的 AWG)和 4 个探测器阵列(每个阵列有 16 个 InP 探测器)构成，构成 64 个 50Gb/s 波长通道，尺寸为 4mm×20mm；韩国 Lipac 公司采用基于晶圆级扇出封装(fan-out wafer-level packaging，FOWLP)的混合光电技术，将有源光器件与电芯片(如跨阻放大器、驱动器等)之间通过重布线层(redistribution layer，RDL)连接，实现了 100G SR4 光模块[92]。2021 年 6 月，比利时 IMEC 与英国 Sivers Photonics 等合作，将 InP 基 DFB 激光器以倒装方式键合到 300mm 硅光晶圆上，对准精度在 x 和 y 维度上均达到 500 纳米，片上耦合激光功率超过 10mW，预计 2022 年进入产品化阶段[93]。2022 年，英特尔将 8 个 InP 基 DFB 激光器以异质集成方式与其他硅光子组件进行集成，实现了全集成的 800Gb/s PAM4 2xFR4 和 DR8 发射机。

光电共封装技术稳步突破，成为实现更高速率、更大带宽、更低功耗的网络和计算芯片的关键。英特尔提出，通过光互连 I/O 与电处理器的光电集成，将数据中心效率提升千倍。2020 年，英特尔展示基于硅光技术所实现的光电共封装交换芯片，可支持 25.6Tb/s 容量(16 个 1.6Tb/s 的光引擎)。Rockley 联合 Accton、Molex 等在 2020 年 3 月展示了 51.2Tb/s 的光电共封装交换引擎，Ranovus 也发布了类似工作的报道。2021 年，英特尔和 Ayar Labs 一起实现了电处理器 Stratix 10 与光互连芯片 TeraPHY 的集成封装，使电芯片间的互连速率提升到 8Tb/s。2022 年，英特尔以光电共封装方式实现硅基微环调制器和 28 纳米 CMOS 工艺的光电流传感器(用于对微环调制器进行热控制)、驱动器的光电集成，能效达到 1.33pJ/bit[94]。IEEE 和 OIF 在 2021 年先后成立工作组开展 224Gb/s 速率研究，光电共封装成为支撑 51.2T 交换引擎的关键技术。光电共封装技术不仅会改变光电芯片本身，而且有可能引起整机系统的改变。光电共封装还面临着一些工程实践问题(如可靠性、成本、量产能力等)，英特尔、博通等预计其将在 2023～2025 年间逐步商用[95]。

国内混合光子集成技术尚需大力攻关，助力产业高端突破。混合集成作为硅基光子集成等产业化的关键技术，进入壁垒高、技术难度大、研发周期长、资源投入大，国内与国外先进水平存在差距，高端工艺线应作为国内发展重点。比如光源的异质集成难度极高，目前只有英特尔等极少数公司拥有能力将Ⅲ-Ⅴ材料引入硅光制造的量产平台，可将Ⅲ-Ⅴ族激光器集成在硅光芯片上；国内企业则主要通过对准耦合的方式解决光源问题。2021 年，国家信息光电子创新中心在精密贴装、倒装精密键合、高频微组装等光电混合集成关键工艺方面进行了探索并取得一定突破，实现了带宽超 40GHz、波特率超 80Gbaud 的光电器件集成封装。在国内产业界投入有限的情况下，国内企业在相关材料生长、设计、工艺经验等方面的积累尚需极大加强。但国内当前对混合光子集成技术的学术研究和实验室研究日渐升温，随着相关工艺平台和人才队伍的建立，有望在相关技术上取得一定突破，如异质材料光波导间的阵列耦合设计与工艺、异质材料间的高速电信号匹配设计和工艺、Ⅲ-Ⅴ族与硅基器件的集成、波导间低损耗低回损耦合封装等[96]。混合光子集成方面的进步，将提升国内企业在光子集成芯片和基于光子集成芯片的收发模块方面的产品竞争力，如 100G/200G 相干光收发模块、400G/800G 短距收发模块等，使产品在高中低端的布局更为均衡。

第 5 章　光电融合及展望

　　信息化的不断深入，要求信息技术的带宽、速率等持续提升，时延、成本、能耗等持续下降。过去 50 年里，单位无线频谱中传送的信息量两年半翻一番，光纤骨干网传输带宽 9～12 个月翻一番。集成电路规模按照摩尔定律 18～24 个月集成度翻番的目标指数级增长 60 多年，其间集成电路尺寸缩小了一万倍，性能提高了十万倍，成本降低了百万至近亿倍。这些信息技术的进步还有多大空间？还能持续多久？未来 50 至 100 年如果继续维持指数级增长，靠什么理论？什么技术？

　　受制于物理特性，电子信息技术面临诸多挑战，尤其是带宽、能耗等维度。充分利用光子的优势，基于光电融合使信息光电子技术在连接/传输、路由/交换、计算/处理等诸多信息领域发挥出支柱作用，人类将由电子信息时代进入光电信息时代。

5.1　光子与电子是信息技术的基础，各有长短

　　信息技术，以电子、光子这两类最广泛应用的信息载体为基础而构建。信息技术主要包括计算、通信、传感、存储、显示等多个方面，基于电子技术、光子技术构建的各种网络(互联网、移动通信网、物联网等)、各种终端(手

机、电脑等，以及各类有传感、通信功能的工具、仪表、机器、设备等)形成现代社会的神经、五官、四肢，大量的数据中心、云计算/边缘计算平台、超算中心等形成现代社会的大脑。

光子技术和电子技术不仅是典型的"使能技术"，是几乎所有其他领域技术发展的支撑，而且还是典型的"工程科技"，将科学发现、技术创新与产业发展紧密结合[97]。1897 年，英国人约瑟夫·约翰·汤姆生在阴极射线研究中发现电子(electron)，以此获得 1906 年诺贝尔物理学奖，此后电子相关的技术快速发展，电子信息成为现代人类物质文明的关键基础。光子的发现比电子晚，普朗克在 1900 年 12 月发表的《论正常光谱的能量分布定律的理论》一文中，将 $h\nu$(h 为普朗克常数、ν 为频率)称为能量子(quantum of energy)；1905 年，爱因斯坦在对光电效应进行的解释中，将光束描述为一群离散的光量子(light quanta)，并提出光电效应方程，因之获得 1921 年诺贝尔物理学奖。1926 年，美国物理学家吉尔伯特·路易斯提出光子(photon)这个命名。1960 年 5 月 16 日，人类首次产生激光，美国人西奥多·哈罗德·梅曼研制出世界第一台红宝石激光器。来自美国或日本的研究人员不断突破，于 1962 年、1963 年、1970 年、1973 年、1977 年、1994 年分别制成半导体同质结激光器、半导体异质结激光器、半导体双异质结激光器、DFB 激光器、量子阱激光器、量子点激光器[98][99]。光子理论和激光器的发明，使光子在信息领域的作用和重要性逐渐凸显[100]。

光子和电子具有不同的物理特性，如表 5.1 所示。光子是一种玻色子。玻色子遵循玻色-爱因斯坦统计，自旋量子数为整数，不遵守泡利不相容原理(多个全同玻色子可处于同一量子态)。光子自旋为 1，静止质量(rest mass)为 0，真空的速度为光速 $c(3 \times 10^8 \text{m/s})$，不带电荷，能量为 $h\nu$。规范玻色子是传递基本作用力的媒介粒子，在物理学的四大基本力(强力、弱力、电磁力、引力)中，根据量子电动力学(quantum electrodynamics，QED)，光子是电磁力的媒介粒子。光子具有时间可逆性，无空间局域性。电子是一种费米子(fermion)。费米子遵循费米-狄拉克统计，自旋量子数为半奇数，遵守泡利不相容原理(系统中不能有两个或两个以上的费米子处于完全相同的量子态)。物质由费米子构成。电子自旋为 1/2，质量为 9.10956×10^{-31}kg，带负电(电量为 $-1.602176634 \times 10^{-19}$ 库仑)[①]。任何原子都由原子核和围绕其运动的若干电子组成。电子具有时间不可逆性和高度的空间局域性。

表 5.1　光子与电子[100][101][102]

	电子	光子
特性	波动性、粒子性	波动性、粒子性
自旋	1/2	1
静止质量	m_0	0
运动质量	m_e	$h\nu/c^2$
电荷	$-e$	0

---

① 根据狄拉克方程，存在着正电子，并已经得到验证。正电子是电子的反粒子，两者相遇会发生湮灭（annihilation），故正电子很难被观测到。

续表

	电子	光子
粒子间作用	强	弱
粒子特性	费米子	玻色子
时间特性	有时间不可逆性	有一定的类时间可逆性
空间特性	高度的空间局域性	不具空间局域性
传播特性	不能在自由空间传播	能在自由空间传播
取向特性	两个自旋方向	两个偏振方向
用途	能量载体、信息载体	能量载体、信息载体

　　光子和电子也有一些共同点。光子和电子都是微观粒子，具有波粒二象性，都可作为信息、能量的载体。光子和电子都具备离散性、叠加性、纠缠性等量子特征，都满足 DiVicenzo 判据[103]，因此都是量子信息技术中量子态的载体，都可制备量子比特。

　　作为使用最广泛的两类信息载体，电子和光子是信息技术的基石[104]，但物理性质的差异使得两者在信息领域各有长短，各有优劣。

　　电子信息技术的极大成功，是电子优势的最直观体现。相对于光子而言，电子有一个最突出的优点：电子非常适合进行信息处理。因为电子带电荷，相互之间通过电场关联，故可基于晶体管等器件轻易地进行控制(以较弱的电子信号控制较强的电子信号)，从而使人类可以高水平地、方便地、高效地操控电子。正是有了电子，才有了信息技术的迅猛进步、信息产业的高速扩张。

从所基于的技术特征来讲，此前几十年的信息时代，主要是电子信息时代，电子是主角。大众熟知的已有信息产品和服务几乎都以电命名(如电报、电话、电子传真、电脑、电缆、电视、电子商务、电子游戏等)。尤其电子集成电路以摩尔定律的方式持续进步[105]，使电子技术的性能不断提升、成本不断降低，人类得以迈进信息社会、信息时代。

光子的物理特性与电子不同，在信息领域亦有自身优势。以电子为对照，可列出下面一些光子的优势：

第一，光子承载信息的效率更高，可实现更大容量的信息传输、处理系统，比电子大 4 个数量级以上。一是光子可用于承载信息的维度多，如振幅、相位、频率、偏振、轨道角动量等；二是光子有更多资源用于承载信息。比如频率维度上，光子载波的频率高($\sim 10^{14}$Hz 量级)，而电子载波很难突破$\sim 10^{10}$Hz 量级，使光子的频带宽度比电子高~ 4个数量级。

第二，光子可实现更高速率的信息传输、处理，超过电子约 5 个数量级。光子器件响应时间可达飞秒量级($\sim 10^{-15}$s)，信息速率已达 Tb/s(10^{12}b/s)量级。电子器件响应时间则很难优于纳秒量级($\sim 10^{-10}$s)，信息速率难于突破$\sim 10^{10}$b/s。另外，光无需阻抗匹配，没有制约回路性能的电气布线制约。

第三，光子可实现更低延迟，优于电子 3 个数量级。介质中光速 $v = c/n$(c 为真空中光速，n 为介质折射率)。由于光子不荷电，传输不受外场影响，不存在回路电学延迟效应，其在器件中的延迟极小。光子信息回路的运行速度可比电子信息回路快 1,000 倍以上[106]。

第四，光子可实现信息的多通道并行互联和处理，电子只能单通道运行。光子之间难以发生相互作用，具有高度的平行能力。电子易互扰，只能单通道运行。

第五，光子的能耗极低。光子本身不带电荷，相比于电子，在能耗方面有天然优势。

第六，光子的存储容量大。存储器容量决定于单位信息量所需最小存储介质体积，光的三维存储容量可达$(1/\lambda)^3$量级(λ 为波长)。

第七，光子有优良的传输媒质——光纤。与电子所需的金属传输媒质相比，光纤作为光子最普遍的传输媒质，具有极大优势：一是抗电磁干扰能力强，无串扰，保密性好；二是损耗等各类传输损伤小；三是成本极低，不受资源约束。

上述的这些优劣势，是由光子、电子的物理本性决定的，不以人的意志为转移的。那么，与电子相比，为何光子在信息领域的重要性和作用没有得到充分展现、地位没有得到凸显呢？我们认为主要有以下两个原因：

第一，人类对光子的认识、操控、利用水平，相对于电子而言较为逊色。光子、电子物理特性差异大，造成技术难度不同，使得光子技术发展相对较慢。比如，电子技术的电源是相干的，但光子技术所需的相干光源直到 1960 年随着激光器的发明才实现，时间相差 200 年[106]；再如，作为电子技术的关键器件，晶体管在 1948 年被发明，而受制于"以光控光"的高难度，"光晶体管"至今仍没有真正实现。从 20 世纪 60 年代开始，电子集成电路基本遵从摩尔定律给出的进步速度。1971 年 Intel 开发出有 2,300 个晶体管的微处理器芯片 4004。2008 年，英特尔酷睿 i7 处理器有 7.31 亿个晶体管。2019 年底，美国 Cerebras Systems 公司发布的芯片"Cerebras Wafer Scale Engine"上集成有 1.2 万亿个晶体管[107]。可以说，集成带来的性能提升、可靠性提升、成本降低，是几十年来电子技术快速进步和广泛应用的关键所在。比如，2010 年售价约 400 美金的 iPhone 4 手机，其性能媲美 1976 年耗资 750 万美金的超算 Cray-1。然而，直到最近 10 年，光子集成技术才有较明显的进展，且水平相对于电子集成而言还较为初级。处理/计算方面，电子技术因晶体管、集成电路而展现出强大的数字化信息处理能力，使得凡是需要进行大量信息处理的设备，比如各种处理器、计算机、服务器、智能终端等，再如网络中的交换机、路由器等，都主要是基于电子技术的。所以，人类对光子、电子的操控、运用水平差异，导致了电子技术在信息领域的应用更为广泛、地位更为重要，也直接制约了光子技术在信息领域的作用发挥。

第二，光子和电子各有优劣、各有所长，人类不同阶段的信息需求决定着主要依赖的技术。受制于成本和性能的综合权衡，技术的采用往往取决于需求。人类的信息需求是在逐步提升的，技术与需求的匹配度，决定着对技术的选择。电子技术在带宽、速率、能耗、存储容量等方面逊于光子技术，但技术成熟度高、灵活性高，尤其在集成电路发展起来后，电子技术在成本、可靠性、存取速度和便捷性上优势显著。因此，人类较基本的信息需求，电子技术已可满足，如电报、电话、电子传真、电视等。当人类的信息需求上升到多媒体、全覆盖后，电子技术已很难单独满足，需要光子技术的协助，于是光接入、光传输等光子技术逐渐得到采用，铁线载波、铜双绞线、中同轴等电子技术则已经退出，连接领域近 30 年呈现明显的"光进铜退"，光子连接适合强调容量、距离或速率的场景，电子连接则主要应用于速率要求不高、更强调成本和灵活性的短距、微距场合。

5.2 电子信息技术面临带宽、能耗挑战

从信息领域整体来看，尽管几十年间光子的应用与自身相比大为扩展，但信息技术仍是电子为主、光子为辅的局面。不过，历经百年持续、高速进步后，如果不出现颠覆性进步，现有电子技术无疑正日益逼近其物理极限。

第一，速率、带宽难以再有大幅提升。受制于物理特性，电子器件的速率、带宽是有极限的。近百年发展后，最先进电子器件已经逼近这个极限，CPU 时钟频率达到数 GHz，ADC 等器件带宽接近百 GHz，很难再有量级上的重大突破。

第二，摩尔定律不仅趋缓，而且举步维艰。指数式增长很难长期持续。从 1965 年提出摩尔定律到现在的近 60 年里，电子集成电路的进步一直是指数式的，如图 5.1 所示。指数式增长的威力巨大，比如一张 A4 纸(厚度 0.1mm)，只要对折 42 次，其厚度将超过 38.4 万公里，相当于地球到月球的平均距离，但这仅是想象，现实中折叠 42 次的操作是不可能完成的。摩尔定律已坚持近 60 年，实属奇迹。

实际上，摩尔定律是在逐渐放缓的。在"集成电路上容纳的晶体管数目，约每隔 X 个月便增加一倍"这句描述中，1965 年摩尔给出的"X"是 12；到了 1975 年，摩尔将之修改为 18；近 20 年，实际上的"X"已经是 24 或更大的数字了。

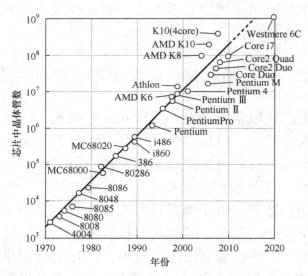

图 5.1　典型处理器的晶体管数随年份的指数式增长[108][109]

制程工艺的特征尺寸，肯定存在着一个由物理特性决定的极限值。时至今日，电子集成电路最先进制程工艺特征尺寸已窄至 3nm，而硅原子的半径仅为 0.117nm。有观点认为，当基于硅的芯片特征尺寸达到 5 个原子时，漏电流和海森堡测不准原理的效应将使器件不再实用。

近年来，关于摩尔定律能否延续的讨论在业界广泛展开。2005 年，摩尔认为"Something like this can't continue forever"，判断摩尔定律可能在 2010～2020 年因达到极限而失灵。2015 年，摩尔再次预测，摩尔定律或将于 2025 年终结。2014 年 ITRS 宣布，不再依照摩尔定律制订路线图。总的看来，在"单位面积的晶体管密度"上，业界基本不再认为能继续指数式增长下去。

第三，散热和能耗难以为继。能耗已上升为不可忽视的重要挑战。1974 年 Robert H. Dennard 提出 Dennard scaling 定律：每一代集成电路技术，可将晶体管尺寸缩小 30%(晶体管面积减少约 50%)，电路延迟减少 30%(工作频率提高约 40%)，电压降低 30%(功率降低约 50%)。因此，由于晶体管密度加倍，功率减半，单位面积能耗基本保持不变。但是，从图 5.2 中可以看出，虽然 2007 年之前的单位面积能耗确实基本不变，但之后就在快速增长，并且 2012 年之后曲线不断变陡。可见，2007 年后，芯片工艺尺寸缩减不再使能耗降低，反而显著增加能耗。

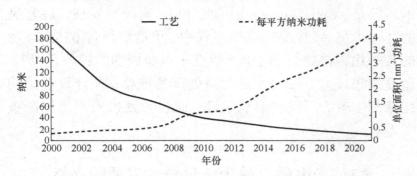

图 5.2　芯片工艺特征尺寸与单位面积能耗[110]

正是受制于能耗，2002 年之后的近 20 年，CPU 时钟频率一直处于 2～4GHz 范围，几乎没有提升。硅 CMOS 能耗与时钟频率的三次方有正比关系[111]。2002 年之前，

CPU 时钟频率一直在增加，因为晶体管密度越大，时钟频率可以越高。CPU 时钟频率 1981 年约 4.77MHz，1995 年约 100MHz，2002 年突破 3GHz。但到了这个阶段后，CPU 能耗与时钟频率的三次方正比关系上升为主要矛盾，导致如果再大幅提高时钟频率，CPU 很容易因过热而烧毁。

时至今日，高集成度芯片的发热功率密度已与宇宙飞船再入大气层摩擦产生的功率密度相当[38]。5G 基站的耗电是 4G 基站的数倍，电费在运营成本中的比重显著上升；大容量路由器、传输设备的能耗不断增大，使运营商不得不一再为机房供电进行扩容。深度学习推动了最近 10 年 AI 的大发展，形成了对基于电子技术的 CPU、GPU 等所提供算力的巨大需求。据介绍，2016 年战胜李世石的 AlphaGo，有 1,202 个 CPU 和 176 个 GPU，一盘 5 小时的围棋赛耗电约 840 度，而成年人每天消耗能量约 2,500 千卡，仅是 AlphaGo 一盘棋的 1/300。有研究发现，在常见的几种大型 AI 模型的训练过程中，可造成超过 626,000 磅的二氧化碳排放，5 倍于普通汽车寿命周期的排放量[112]。超高的集成度，以及大量的微处理器堆叠，使计算系统功耗急剧上升，不仅影响稳定性，而且导致投入产出比严重变差。

5.3　光电融合成为信息技术发展的必然

人类社会的信息需求使得电子信息面临的挑战更为严峻。当今世界，信息化浪潮正在席卷社会的每个角落、经济的每个环节。信息化如催化剂一般加速着世界科技和经济发展,网络信息世界与自然世界和人类社会深度融合[110]。信息化对社会运行和人类生活的作用，在这次全球疫情期间得到体现。在云计算/边缘计算、4G/5G 通信、人工智能等的推动下，信息化正进入新的发展时期。随着愈来愈多的智能机器(如终端、设备等)联入网络，信息技术的性能标准(如带宽、时延、速率、图像压缩比、编码位数等)将从根据人的要求转变为根据机器的要求来确定[113]。机器的超强感知能力意味着需要更高量级的速率、带宽，机器的超高反应速度意味着需要更苛刻的时延，这些意味着信息技术必须在现有基础上大幅提升，以实现所需的数字化能力、网络化能力、智能化能力[114]。

　　光电融合成为推动信息技术继续向前发展的关键。长期以来，光子技术只是电子技术的补充，只发挥着辅助作用。随着电子信息技术日益捉襟见肘，人们愈来愈多地将目光转向光子。随着光子技术在信息领域的应用迫切性不断提高、应用范围不断扩大、作用不断提升，光、电并重的光电融合逐渐成为信息技术发展的必然。

　　我们将从连接/传输、路由/交换、计算/处理这三个信息领域的典型环节来说明光子作用逐渐提升，并向光电融合发展，如图 5.3 所示。

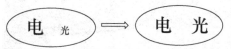

电　光　⟹　电　光

电子为主，光子为辅。
电子实现计算、处理、路由等复杂功能，光子主要基于高带宽、低损耗优势在高速率或长距离连接中发挥作用。

电子、光子并重。
光子不仅进入封装内、片内，而且承担计算、处理、路由等复杂功能，两者密不可分，相互融合。

图 5.3　光子作用逐渐提升，并向光电融合发展

5.3.1　连接/传输

在连接/传输方面，电子适合低速、短距离(图 5.4)，光子适合高速、长距离。得益于光纤的低损耗(图 5.5)、大带宽等优点，到目前为止，全球网络 95%的连接/传输已由光通信提供，电子连接主要限于设备和器件内部(如背板、印制板等)。

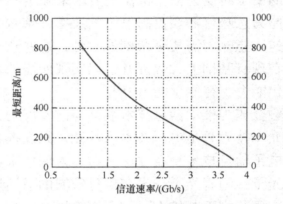

图 5.4　铜/电互连距离与速率关系

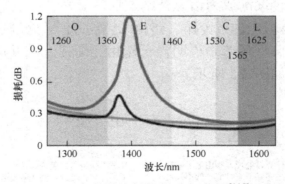

图 5.5　光纤的低损耗波长范围[115]

信息速率的持续提升、容量的持续增长，使得光子技术在通信领域很早就得到应用，并且愈来愈广泛和深入。
从 30 多年前开始，光通信逐渐成为通信网络中高速传输的
主要方式，应用于长途、城域等各种距离场景，其速率、
容量几十年来持续增长[116]，商用单波速率达到 200Gb/s、
400Gb/s，商用系统容量向 100Tb/s 趋近(图 5.6)[117]。光接
入在 15 年前开始成为固定宽带接入的最主要手段，当前正
在大规模部署 10G 速率光接入，25G/50G 速率正在产业化
过程中(图 5.7)[118]。到了 6G 阶段，THz 通信、深紫外与可
见光通信、光波与微波交叉融合的光子定义无线电等，将
使光子技术在无线接入中也成为关键。

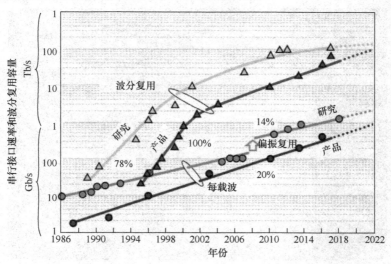

图 5.6 光通信单波速率和系统容量方面的产品及实验纪录[117]

现在，不仅是通信，而且整个信息领域的连接已愈来
愈依赖光子。随着信号速率提升，电子在短距连接上的损
耗和串扰等挑战也变得突出(图 5.8)，不仅成本显著提高，

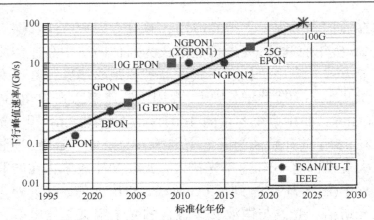

图 5.7 无源光网络技术的发展[118]

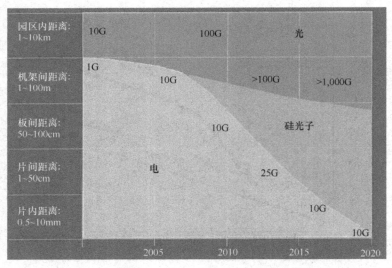

图 5.8 各种距离、速率的连接技术选择[119]

而且过多电缆导致系统重量和布线复杂度难以忍受。光子连接不仅高速，而且没有串扰、匹配、电磁兼容等困扰，尤其是硅光子显著降低光互连成本，使之极为适合机柜间、框架间和板间所需的大量高速连接(数据中心有源光缆的市场年增长连续多年超过 30%)。光背板技术成熟后，将会显著改善核心路由器、超级计算机等的性能，降低成本。随着多芯片封装的出现及芯片内部速率的提升，不断进步的光子集成技术将使光子连接继续深入到片间、片内。比如，硅基光电子在最初提出时，正是为了解决微电子芯片中处理器间的大容量连接[118][120]。

可见，在连接/传输方面，"光进铜退"从 20 世纪 80 年代即已在长距中开始，现在光连接已覆盖长距、城域、接入、机架间，并正在进一步扩展到板间、片间，甚至片内(图 5.9)。

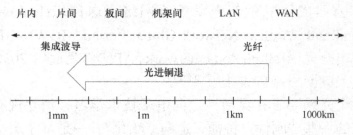

图 5.9　光进铜退，光子连接由宏入微

光子连接由通信网络进入设备内部，并在光子集成技术推动下继续深入到片间、片内，将促成光背板、光印制板、光中介板等技术，以及 Chiplet、各种 2D/2.5D/3D 先进封装、光电共封装等工艺的成熟。这不仅使路由器、交换机、计算机等的性能可以继续大幅提升，而且可能引起其架构上的革命性变化。

因此，光子将不再仅是通信网络连接技术，而是泛化为整个 ICT 全域的泛在连接技术。随着光电背板、光电印制板、光电中介板的出现，以及光电共封装、光电集成等技术的进步，在连接/传输方面将实现深度的光电融合。

5.3.2 路由/交换

基于电子的路由/交换灵活、颗粒小，基于光子的路由/交换时延低、颗粒大。到目前为止，作为网络的核心功能，路由/交换仍主要基于电子技术实现。

但是，随着工业互联网、智慧城市/社会等的发展，随着大颗粒度信息流的增多，随着 M2M 通信的增多，确定性连接、苛刻时延等要求被强化，光子层面的路由/交换技术必须在未来某个时点被引入。因此，索尼、NTT、英特尔等公司成立的创新光学无线网络全球论坛(Innovative Optical and Wireless Network Global Forum，IOWN-GF)明确提出全光网(all photonic network, APN)将是面向 2030 年的最关键网络基础设施[121][122]。

全光网要求在灵活性上向电子技术学习，消除现有光通信的一些"刚性"特征，走向"软化"：一是基于灵活可变栅格(flex grid)、灵活调制收发(flex TRx)和灵活电层封装(flex OTN)，增加光通道接口的可编程性；二是基于方向无关(directionless)、波长无关(colorless)、冲突无关(contentionless)和栅格无关(gridless/flexible grid)的可重构光分插复用器(reconfigurable optical add-drop multiplexer，ROADM)实现光通道的灵活调度[113]。在空分复用(space division multiplexing，SDM)引入光通信网络后，还需将ROADM 扩展成基于光子交叉连接(photonic cross connect，PXC)技术的 WDM × SDM 空间交换节点(图 5.10)。

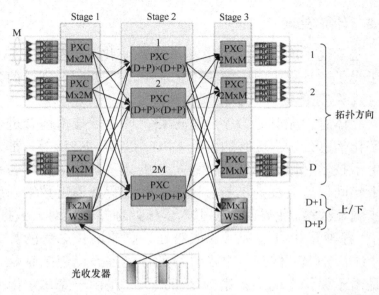

图 5.10　基于 PXC 的 WDM × SDM 空间交换节点架构[123]

　　光子技术已经在网络波长级带宽资源调度中应用。软件定义网络技术推动传送网(L1/L0 层)的数据平面和控制平面分离，推动业务承载网(L3/L2 层)的数据平面和控制平面分离，推动形成跨层、跨域的集中控制，使得"IP+光"跨层协同能够实现。上层的路由/交换与底层的通道资源通过联动以达到承载效率、带宽资源调度、保护与恢复的高效、动态、弹性。

　　随着大颗粒业务的增多，随着相关光子器件进步带来的光通信"软化"，随着相关技术(如光突发交换、光分组交换等)的实用化突破，长期作为传送网的光通信网将向业务承载网演进，基于光子的路由/交换将在网络中不可或缺，使光子从带宽提供技术泛化为全面的网络技术，路由/交换方面的光电融合将不断深入。

5.3.3　计算/处理

　　基于电子的计算/处理，易实现数字化，灵活、成熟；基于光子的计算/处理，能耗低、高速，可并行。到目前为止，计算/处理依赖电子技术实现。

　　晶体管，尤其是数字集成电路，使电子技术适合进行数字化信息处理。现有的各类 CPU、GPU、NPU 等，都采用电子技术。以摩尔定律持续进步的数字芯片，使算力在几十年间保持着高速增长。随着芯片制程在逼近数纳米后进步明显放缓，业界不得不引入多核处理器来应对大数据、AI 和各种智能应用带来的依然处于高速增长态势的算力需求(图 5.11)。但是，电子计算的性能提升已越来越难，一是由于架构上的冯·诺依曼瓶颈，二是由于摩尔定律面临巨大挑战，三是由于带宽、时钟、功耗等源自电子本性的局限。

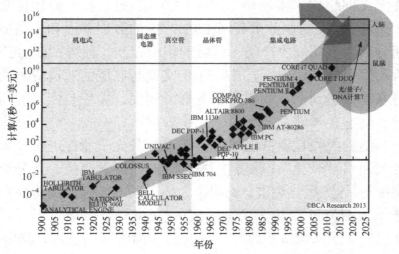

图 5.11　电子计算的发展[124][125]

后摩尔时代，或 1nm 之后的计算，需要有电子数字计算之外的异构方式来协助，光计算因其超并行、超高速、无交叉串扰、低功耗等优势而将发挥重要作用[126]。光计算有数字和模拟两种方式。

数字光计算，是基于光子逻辑门得到精确解，实现较复杂，但功能强大，属于通用计算。1969 年，美国麻省理工学院的 A. A. Sawchuk 等基于光学双稳态原理提出数字光学计算系统模型，开启了之后 20 余年的全球数字光计算机研究热潮。不过，虽然电子技术很容易实现晶体管这种非线性器件(输出与输入不成正比)，从而塑造成逻辑门，但由于光子之间难以相互作用，通过光子控制光子很难实现，而采用非线性光学效应的方法又存在着非线性系数和开关速度的挑战，因此一直无法实现满足性能要求的光子逻辑门(光子多稳态开关器件)，从而使得数字光计算长期无法取得实用化进展。

模拟光计算，是基于光子器件特性巧妙得到非解析解(比如利用透镜进行傅里叶变换)，实现较简单，但功能偏单一，属于专用计算。1978 年，美国斯坦福大学的 J. W. Goodman 基于透镜阵列提出光学向量-矩阵乘法器的理论模型。基于衍射过程中的波动特性，离散傅里叶变换/逆变换在 2011 年通过多模干涉耦合器和相移器阵列实现[127]，可用于正交频分复用(orthogonal frequency division multiplexing，OFDM)通信中的解复用/复用处理(图 5.12)。

模拟光计算是用物理方式实现某些高复杂度的计算，达到特定场景下的高效、快速目的。冯·诺依曼架构简洁、经典，二进制逻辑运算和存储单元易于扩展，但处理某些

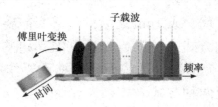

图 5.12　基于多模干涉耦合器和相移器阵列的离散傅里叶变换/逆变换器件[128] [129]

复杂问题(如非确定性多项式)时效率低下。AI 神经网络中的大量矩阵运算，使用电子处理器时效率较低、延迟较大，难以满足高速实时的要求。模拟光计算可以解决电子计算拙于应对的复杂算法问题[129]，长于进行 AI 中大量使用的矩阵运算[130]，比如通过级联 MZI 阵列的方式[131]。根据业界分析，电子芯片进行矩阵运算的能效约为 10^{-12}J/MAC 量级，即一次乘积累加(multiply accumulate，MAC)操作耗费的能量；自差相干探测的光乘加器的理论能效约 10^{-21}J/MAC 量级；级联 MZI 阵列方式的算力可比微电子方式快 5 个量级，达到 10^{18}MAC/s[131][132]。模拟光计算将率先在部分场景得到实际应用，如 AI、压缩感知、基因序列比对等[131]。

　　基于模拟光计算进行 AI 加速，以满足深度学习的算力需求，是近年的研究热点(图 5.13)[133]。2017 年，麻省理工学院的沈亦晨等提出并展示了一种全光神经网络架构，利用 MZI 阵列构建转移矩阵的乘法器系统，实现 AI 加速[134]。深度学习常用到卷积神经网络 (convolutional neural networks，CNN)，2018 年加利福尼亚大学洛杉矶分校基于3D 打印的衍射矩阵阵列进行 CNN 加速，斯坦福大学基于光干涉单元的光计算芯片进行光学 CNN 训练；2019 年麻省理工学院展示了基于光电乘加器的大规模光学 CNN 实现[133]。

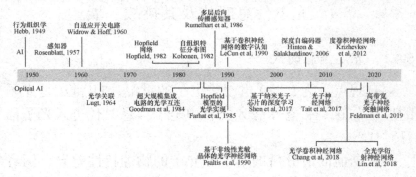

图 5.13 AI 及其相应光学实现的里程碑事件[133][135]

通过芯片化提高集成度，是光计算走向应用必须迈过的一步。采用硅基光子集成技术的光子处理器，已可集成56 个 MZI 的级联阵列，但光子集成仍需较大进步。

可见，在计算/处理方面，光子的潜力随着器件、技术的进步正逐渐体现，并有望在 AI 加速、傅里叶变换处理、伊辛问题(Ising problem)求解等能充分体现光子计算/处理优势的场景率先应用，使光子从网络基础技术泛化为整个ICT 的泛在基础技术，引发计算/处理方面的光电融合。

从上述以连接/传输、路由/交换、计算/处理三方面为例的分析可以看出，面对信息化在速率、容量、带宽、时延、速度、能耗等维度不断攀升的要求，单靠电子技术自身的进步已很难翻越横亘在前的众多技术墙[136]。如何使计算、连接继续维持数 10 年的指数级增长势头是值得研究的问题。由于光子的优势正在于速率、带宽、能耗等维度，信息技术的继续前进必须更多地依赖光子，光电融合在信息领域成为必然[17]。

5.4　光电信息时代及其挑战、展望

5.4.1　光电信息时代

有观点认为，"20 世纪是电子的世纪，21 世纪是光子的世纪"。这是否意味着人类将由电子信息时代进入光子信息时代？

根据前面所分析的电子和光子的物理特性差异，两者在信息领域各有优劣，光子不可能完全代替电子，电子也离不开光子的协同。

1. 光子和电子存在特性差异，各有长短，相互融合、相互依赖、缺一不可

光子和电子技术的各自实现，本身就需要相互依赖，缺一不可。电子从高能级回落到低能级，释放能量，放出光子。光子的调制、探测等离不开电子技术的协助。没有光刻技术，便制造不出高集成度的电子芯片。

第一，连接/传输方面。光子技术虽然是一定距离或高速率场景的必然选择，但电子技术在短距、微距或低速场

景有低成本、简便、灵活等优势，光子不是所有场景的最佳选择。而且，正是在电子技术的支持下，相干光通信才能在近 10 年走向商用，使单波道速率达到 100Gb/s，并向 1Tb/s 继续演进。

第二，路由/交换方面。电子技术成熟、灵活，但如果没有光层的协同，电层单独在资源调度、时延、承载效率上不可能实现最优。光子技术在时延、大颗粒上有优势，有些场景电子力不从心。

第三，计算/处理方面。光子技术在 AI 等场景中已展现出优势，但如果没有电子技术进行高精度的数模、模数转换，模拟光计算的结果就无法达到必要的精度要求[130]。电子技术在数字化能力和成本上优势明显，光计算则难以数字化，难以成为通用型计算。

因此，光子虽然在速率、带宽、能耗等方面优势明显，但欠灵活、数字逻辑实现难、集成度低；电子虽然技术成熟度高、灵活、集成度高，长于数字逻辑，但能效和带宽难有突破。两者都有适合发挥各自优势的场景、范围，也都存在着各自力有不逮的环节、场景，两者需要合理分工、相互融合，而非有你无我的替代。

2. 电子技术仍在继续进步

仅从"单位面积芯片上的晶体管密度"来看待摩尔定律，其效用确实已放缓并难免在某一时刻终结。由于摩尔定律在电子信息技术发展上具有重要意义，因此有观点认为电子信息技术再难有显著进步。但是，我们认为，如果将摩尔定律的重点落脚到"性能提升和成本下降"，将视角从晶体管密度扩展到更广泛的其他方面，则摩尔定律仍有意义，电子信息技术仍将向前发展。

第一，电子集成技术仍会继续进步。"小"，毕竟只是芯片进步的一个维度而已，芯片通过其他维度上的进步仍会推动电子信息技术继续发展。以 CPU 为例，虽然 2002 年之后 CPU 时钟频率在 2~4GHz 之间难有大增长，但通过缓存的大量增加提高内存读取速度，通过多核增加计算并行度，20 年间 CPU 和计算机的性能其实仍在显著提升。2005 年，ITRS 提出超越摩尔[137]，比如将非数字化功能(如无线通信、功率管理、传感等)集成到片上形成片上系统(system-on-chip, SoC)，或形成系统级封装(system-in-package, SiP)。2015 年，ITRS 进一步提出异质集成。近两年，Chiplet 已成为发展热点，2.5D、3D 封装技术也在进步。因此，从整体看，或扩展到更多维度上看，电子集成技术将继续前进，电子信息技术的性能将继续提升。

第二，新材料、新工艺和新的器件结构、设计仍会推动电子信息技术进步。摩尔定律的挑战，严格来说只是针对传统硅材料和传统场效应管的，业界正在其他途径上寻找出路，比如非硅材料，碳纳米管、石墨烯及其他特殊微纳结构的超材料，工作频率可达百 GHz 的基于量子隧穿效应的隧道二极管等。另外，为了化解芯片功耗和性能之间的矛盾，新型器件设计与研发已经成为国际半导体界研究的热门课题，比如基于电子的自旋属性而非电荷属性来承载信息，不仅可制成自旋场效应晶体管，而且可用于信息的感知、存储等，在器件功耗方面极具优势。

所以，我们认为，人类正在由电子信息时代进入光电信息时代,图 5.14 反映了当下我们对信息技术发展的认识。从所基于的技术特征来讲,电子信息时代主要依赖电子技术,光子处于辅助地位;光电信息时代则是电子、光子技术并重,光电融合。无独有偶,量子信息技术和经典信息技术也非相互替代的关系[138][139]。

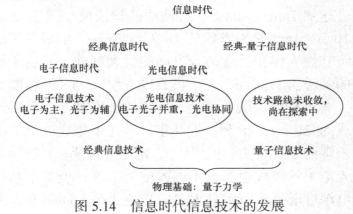

图 5.14　信息时代信息技术的发展

5.4.2　光电融合的挑战和展望

光电融合面临着诸多技术挑战。光电融合是光电信息时代的技术基础,其实还存在着诸多挑战。比如,网络带宽、速率的下一次大幅提升,必须有新型复用、新型光纤、新型光放大的创新;电子技术的继续进步,必须有新材料、新工艺和新器件结构创新;基于光子的路由、交换技术需要实质性进步,全光网方有可能;THz 等 6G 新频段的开拓,必须突破光子无线电技术;计算的功耗缓解,亟需光子计算技术实用以支持光、电计算协同;光子集成需要克服无源器件、有源器件的集成难题,异质集成需要克服材料、工艺难题,方有望通过芯片层面的光电融合延续信息技术成本下降、性能提升的趋势。

　　我们期待人类对光子的操控水平不断提高，期待光子在信息领域能够发挥与电子同等重要的作用，期待真正实现光电融合。

　　光电融合集成是光电信息技术的关键。人类微纳制造工艺已达到 7nm、5nm、3nm 这样的特征尺寸(头发丝直径约 0.1mm，1nm 是头发丝的 10 万分之一)。集成带来的成本、可靠性、体积、性能等方面的巨大好处，是电子技术成功的关键。相对而言，光子集成进步慢、水平低。如图 5.15 所示，业界有观点认为，光子集成的技术和产业落后于电子集成约 30～40 年[99]。近几年，硅光子集成已显示出令业界乐观的发展势头和前景[140]，光电共封装、光电混合集成、光电单片集成也都有不同程度的进展，但真正芯片层面光电深度融合，还需学术界、产业界的大胆创新和大力投入。

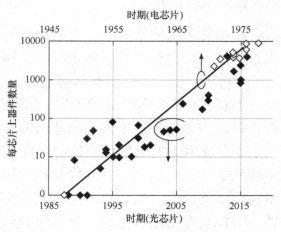

图 5.15　光子集成和电子集成水平的对比[141]

跳出电子研究的惯性，以创新思路发挥光子优势。光子和电子的特性不一样、功能不一样。要认识到人类对光子的理解和操控还有极大未知空间[100][108]，要避免好高骛远，企图将光子完全等同电子。光子和电子存在较大的物理特性差异，电子发展的历程不可能照搬到光子。两者可以类比，但一定要尊重其差异，需要注意避免因与电子的类比而引入在电子技术研究中形成的思维惯性。比如，器件的微型化、集成化，光子可以借鉴电子，但两者的工艺、材料等是有差异的。再如，电子很容易实现数字化计算，但光子难以数字化，这种物理特性造成的区别是不以人的主观意志为转移的，不能刻舟求剑或人为强求。

中国要提升对光子技术、光电融合技术的重视，避免重演电子技术上的被动跟随局面。光子集成还处于发展早期，光电融合还处于探索期，中国是有可能掌握一定主导权的。电子信息技术上，中国基本是在别人的地基上盖楼，长期无法摆脱跟随、被动局面，难免陷入被"卡脖子"、被脱钩的困境。根据 2018 年 4 月 19 日《科技日报》所报道的 35 项中国科技领域被"卡脖子"清单，其中约 1/5 与光子技术直接相关。中国当前正在电子集成电路、软件等方面着力破除"卡脖子"的被动，需同时将光子技术、光电融合提高到同等的重视和支持程度，掌握核心技术，塑造长板技术优势，强化产业技术迭代，方能构建起自主发展体系，破解"卡脖子"之患，避免重蹈电子技术之覆辙。

第6章 领域热词

硅光子，是硅基光子集成的简称。硅光子是基于硅晶圆开发光子集成芯片，以结合光的极高带宽、超快速率和高抗干扰特性与微电子在大规模集成、低能耗、低成本等方面的优势。由于硅光子工艺与硅基微电子芯片基础工艺兼容，在与微电子实现光电一体化集成方面亦有显著优势。在英特尔实现硅光子芯片产品化之后，硅光子技术应用范围不断拓展，涵括光通信、数据中心、人工智能、医疗检测、高性能计算、自动驾驶、国防等领域，业内预计硅光子产业年复合增长率均超过 40%。

表面等离激元(surface plasmon，SP)，是一种沿着金属表面传播的电子疏密波，其由金属表面自由振动的光子与电子相互作用生成，随着金属表面结构特性的改变，表面等离激元的色散、激发、耦合等相关性质都将发生重要改变[142]。2020 年，南京大学和北京大学等团队合作，揭示了金属钠作为等离激元材料优异的光学性能，并在此基础上研制出了基于钠材料的等离子激光器，在通信波段其光泵激射阈值仅为 140kW/cm^2。2022 年 3 月，苏黎世联邦理工学院等实现了电芯片(1.5 × 3mm^2 大小的 SiGe BiCMOS)和等离激元调制器的一体化集成发射机(尺寸 1.5 × 3mm^2)，通过发挥等离激元的超高调制速率优势，信号波特率达到180Gbaud/s[143]。

光电共封装，是将电芯片(如 ASIC)与为其实现连接功能的光收发模块进行一体化封装。光电共封装主要采用 2.5D/3D 先进封装技术，与当前普遍采用的板边光模块、板中光模块方式相比，可显著提高互连密度，降低功耗，减小尺寸。光电共封装的技术难度大，如高密度光电载板工艺、高精度光电芯片组装工艺等[88]。当前业界对光电共封装的研究主要集中于其在交换引擎中的使用，英特尔、Ayar Labs 等都在开展相关工作。此外，光电共封装还可用于各种电处理+光连接的场景，其发展不仅影响芯片技术，而且可能改变设备、系统的整体设计。

垂直传输场效应晶体管(VTFET)，是由三星和 IBM 联合在 2021 年国际电子元件会议上提出的一种新型晶体管结构，该结构允许晶体管在垂直方向上堆叠，可以减小栅极间距，减小晶体管体积，提高晶体管密度，进一步扩展摩尔定律，使性能提升，对比 FinFET 结构，三星表示 VTFET 可降低 85%的功耗，有望用于突破 1 纳米及以下制程工艺。

三维动态随机存取存储器(3D dynamic random access memory, 3D DRAM)，是通过三维堆叠方式构造的多层 DRAM 芯片，具有更高的存储密度。当前已量产的 DRAM 芯片可认为是 2D DRAM，存储密度的提升主要依赖制造工艺制程的提高，但随着晶体管密度的不断攀升，工艺改进将变得愈发困难。三维堆叠技术被认为是解决这一问题的有效手段，当前 3D DRAM 尚处于研究阶段，三星、海力士、美光等均计划开展相关研发工作，三星期望在 2024 年量产相关产品。

Chiplet，即芯粒，是指专门设计用于与其他类似芯片一起工作以形成更大、更复杂的芯片集成模块的小芯片，通常 Chiplet 由可重复使用的 IP 模块组成。目前 Chiplet 仍在小批量生产阶段，美国的美满、英特尔、DARPA 均推出相关的 Chiplet 互连标准，英特尔还针对 Chiplet 应用推出 EMIB 等多种新型封装形式。未来随着高速互连标准的逐渐固化以及先进封装技术的成熟，Chiplet 将成为集成电路产业的主流发展趋势。

3D 封装，是 2.5D 封装之后向三维立体封装进一步演化的先进封装技术的统称。2.5D 封装是将各个 Chiplet 在二维平面上铺开，通过中介层连接，信号在水平面上传输，而 3D 封装则是将各个 Chiplet 垂直叠放，通过硅穿孔等方式互连，信号在垂直方向上传输。相比 2.5D 封装，3D 封装具有更高的芯片集成度，Chiplet 间连接距离变短，可提供更高的通信效率。

RISC-V，是一个基于精简指令集原理建立的开放指令集架构，具备简洁、灵活、开源等特性，允许任何人设计、制造和销售 RISC-V 芯片和软件，并允许使用者基于自身需求进行自定义设计。

智能计算中心，指基于图形处理器、专用集成电路等芯片构建智能服务器集群，提供智能算力的基础设施。主要应用于多模态数据挖掘、人工智能模型开发、模型训练和推理服务等场景。伴随人工智能应用需求的大规模爆发，在全球范围内掀起了智能计算中心建设浪潮。

数据处理器(DPU)，是应用在数据中心场景中的重要加速芯片。数据和算力需求的增长，推动了以数据为中心的体系结构及新型加速器单元的创建，DPU 作为加速芯片，旨在快速有效地捕获、分析、分类、管理和存档大量数据，能够更好地执行网络传输的协议栈，提升传输效率，同时降低 CPU 负荷，让 CPU 更有效地处理业务数据。目前行业赛道刚刚起步，国内外公司积极布局 DPU 市场，树立各自的品牌和技术标准，构建行业生态。

存算一体，是将计算和访存融合的非冯·诺依曼架构，通过在存储单元内实现计算，从体系结构上消除访存操作，从而避免访存延迟和访存功耗，从而解决冯·诺依曼瓶颈问题。目前基于浮栅器件的存算一体已实现量产，基于新型非易失存储器件的存算一体芯片仍处于实验室阶段，将在未来 5 年内实现产业化突破。

车规级芯片，是满足用于汽车电子元件的规格标准的一类芯片的总称，对使用寿命、工作环境适应性、安全性都有较高的要求，包括控制类、功率类、传感类、安全类等类别，广泛应用于现代汽车当中。目前车规级芯片仍由国外巨头把持，我国超过 90%依赖进口。我国近几年在控制、计算、传感、安全等领域取得一定突破，在功率器件方面仍有较大提升空间。

大硅片，指厂商生产的 12 英寸半导体用硅晶圆材料。随着 2020～2021 年全球被缺芯潮所席卷，硅片等上游半导体材料需求不断提升，我国大硅片技术不断突破，上海新昇等企业已经实现 12 英寸硅晶圆批量出货，验证工作正在国内各制造厂商中进行。

作者：余少华　周兰　张新全　丛瑛瑛　肖希

参 考 文 献

[1] IEEE. International Roadmap for Devices and Systems™ 2021 Update[OL]. https://irds.ieee.org/.

[2] 罗毅. 主要国家半导体芯片制程技术专利趋势[J]. 世界科技研究与发展, 2021, 43(5): 522.

[3] Ball P. Semiconductor technology looks up[J]. Nature Materials, 2022, 21(2): 132.

[4] 曹馥源, 刘杨, 霍宗亮. NAND 闪存错误缓解技术综述[J]. 微电子学, 2021, 51(3): 374-381.

[5] 侯福深. 破解"缺芯"困境实现转危为机[J]. 中国品牌, 2021, (11): 90.

[6] 罗克研. 汽车手机等多个行业遭遇"缺芯潮". 中国质量万里行[J]. 2021, (5): 72-73.

[7] Cai X, Vardi A, Grajal J, et al. Ballistic mobility and injection velocity in nanoscale InGaAs FinFETs[C]. 2020 IEEE International Electron Devices Meeting (IEDM). IEEE, 2020: 8.5.1-8.5.4.

[8] Wu F, Tian H, Shen Y, et al. Vertical MoS_2 transistors with sub-1-nm gate lengths[J]. Nature, 2022, 603(7900): 259-264.

[9] Shi H, Ding L, Zhong D, et al. Radiofrequency transistors based on aligned carbon nanotube arrays[J]. Nature Electronics, 2021, 4(6): 405-415.

[10] Zhang Y, Mao G Q, Zhao X, et al. Evolution of the conductive filament system in HfO_2-based memristors observed by direct atomic-scale imaging[J]. Nature Communications, 2021, 12(1): 1-10.

[11] Khan A I, Daus A, Islam R, et al. Ultralow-switching current density multilevel phase-change memory on a flexible substrate[J]. Science, 2021, 373(6560): 1243-1247.

[12] Zhu D Q, Guo Z X, Du A, et al. First demonstration of three terminal MRAM devices with immunity to magnetic fields and 10ns field free switching by electrical manipulation of exchange bias[C]. 2021 IEEE International Electron Devices Meeting (IEDM). IEEE, 2021: 17.5.1-17.5.4.

[13] Zhang B, Liu Y, Gao T, et al. Time division multiplexing ising computer using single tunable true random number generator based on spin torque nano-oscillator[C]. 2021 IEEE International Electron Devices Meeting (IEDM). IEEE, 2021: 27.6.1-27.6.4.

[14] Radway R M, Sethi K, Chen W C, et al. The future of hardware technologies for computing: N3XT 3D MOSAIC, Illusion Scaleup, Co-Design[C]. 2021 IEEE International Electron Devices Meeting (IEDM). IEEE, 2021: 25.4.1-25.4.4.

[15] Lau J H. Recent advances and trends in advanced packaging[J]. IEEE Transactions on Components, Packaging and Manufacturing Technology, 2022, 12(2): 228-252.

[16] 中国工程院发布"电子信息工程科技发展十三大挑战（2022）"[OL]. http://www.stdaily.com/index/kejixinwen/202202/91a026fa2f41450c9b075e 68f386325a.shtml[2022-03-18].

[17] 张新全, 余少华. 光电融合破解带宽、能耗难题[J]. 光通信研究, 2021, (5): 15.

[18] DARPA. Photonics in the package for extreme scalability (PIPES)[OL]. https://www.darpa.mil/news-events/photonics-in-the-package-for-extreme-scalability-proposers-day[2022-01-18].

[19] 余少华, 张新全. 中国电子信息工程科技发展研究——信息光电子专题 [M]. 北京: 科学出版社, 2019.

[20] LightCounting 预测硅光应用转折点在即[OL]. http://www.c-fol.net/news/7 _202006/20200605123828.html[2022-03-19].

[21] LightCounting: 到 2026 年，全球光模块市场规模达 145 亿美元[OL]. http://www.c114.com.cn/ftth/5472/a1160932.html[2022-03-19].

[22] Photonic technology is ready for the new Bill Gates or Steve Jobs[OL]. https://www.linkedin.com/pulse/photonic-technology-ready-new-bill-gates-st eve-jobs-martijn-heck[2021-06-30].

[23] Ayar Labs 实现 1Tbps 无差错的光芯片间信号互联[OL]. https://www.edn china.com/technews/12279.html[2022-03-19].

[24] Wade M , Meade R , Ramamurthy C , et al. TeraPHY: A Chiplet technology for low-power, high-bandwidth in-package optical I/O[J]. IEEE Micro, 2020, (99): 1.

[25] Kaveh H, Edwin K, Shumarayev S Y, et al. 8Tbps co-packaged FPGA and silicon photonics optical IO[C]. Optical Fiber Communication Conference (OFC), 2021: Th4A.2.

[26] Wetzstein, G, Ozcan A, Gigan S, et al. Inference in artificial intelligence with deep optics and photonics[J]. Nature, 2020, 588: 39-47.

[27] Gonzalez A, Costa D. Programmable chips for 5G applications[J]. Photonics

Views, 2022, 19(1): 38-41.

[28] Daniel P, Ivana G, José C. Programmable multifunctional integrated nanophotonics[J]. Nanophotonics, 2018, 7(8): 1351-1371.

[29] Pappas C, Moschos T, Alexoudi T, et al. Caching with light: First demonstration of an optical cache memory prototype[C]. Optical Fiber Communication Conference (OFC), 2022: Tu4B.3.

[30] 杨国庆. 集成电路产业的发展现状与趋势展望[J]. 大众标准化, 2021, (19): 74-76.

[31] 张卫. 突破关键核心技术, 大力发展集成电路产业[J]. 张江科技评论, 2022, (1): 24-25.

[32] LightCounting: 光模块 Top10 十年来的变化[OL]. http://www.c-fol.net/news/7_202105/20210531135551.html[2022-03-19].

[33] 第三个 50%: 中国光通信业全面超越"外国"[OL]. https://www.sohu.com/a/521669346_234937[2022-03-19].

[34] Xiao X, Li M, Wang L, et al. High speed silicon photonic modulators[C]. Optical Fiber Communication Conference (OFC), 2017: Tu2H.1.

[35] 5G 新基建关键器件装上中国"芯"[OL]. https://m.gmw.cn/baijia/2020-06/19/1301300183.html[2022-03-19].

[36] Kasap S O, Contributor R. Optoelectronics and Photonics: Principles and Practices[M]. 2nd ed. Upper Saddle River: Pearson Education, 2013.

[37] 张新全. 我国由光通信产业大国发展为光通信产业强国的策略研究[R], 2017.

[38] 中国电子元件行业协会. 中国光电子器件产业技术发展路线图（2018—2022 年）[R], 2018.

[39] 郭进, 冯俊波, 曹国威. 硅光子芯片工艺与设计的发展与挑战[J]. 中兴通讯技术, 2017, 23(5): 4.

[40] 沈丛. 从 GPU 反攻到 IDM 模式再革新, 英特尔将全面发力混合架构[N]. 中国电子报, 2021-08-24(7).

[41] 刘畅, 武延军, 吴敬征, 等. RISC-V 指令集架构研究综述[J]. 软件学报, 2021, 32(12): 3992-4024.

[42] 英伟达连甩 20 枚 AI 核弹! 800 亿晶体管 GPU、144 核 CPU 来了[OL]. https://baijiahao.baidu.com/s?id=1728063800426757646&wfr=spider&for=pc[2022-03-23].

[43] 丛琉琉. 人工智能芯片产业拉开发展帷幕[N]. 人民邮电报, 2018-08-21.

[44] 张志楠. 从多元芯片到计算系统的创新成为人工智能发展的关键[J]. 张

江科技评论, 2022, (1): 6.

[45] 许子皓. 多家入局路线不一 DPU 上演差异化竞争[N]. 中国电子报, 2021-08-13(8).

[46] Lau J H. Semiconductor Advanced Packaging[M]. Singapore: Springer, 2021: 343-378.

[47] 李锟, 曹荣荣, 孙毅, 等. 基于忆阻器的感存算一体技术研究进展[J]. 微纳电子与智能制造, 2019, 1(4):87-102.

[48] 郭昕婕, 王绍迪. 端侧智能存算一体芯片概述[J]. 微纳电子与智能制造, 2019, 1(2): 72-82.

[49] 毛海宇, 舒继武, 李飞, 等. 内存计算研究进展[J]. 中国科学:信息科学, 2021, 51(2): 173-205.

[50] Aquabolt-XL: Samsung HBM2-PIM with in-memory processing for ML accelerators and beyond[OL]. https://www.anandtech.com/show/16905/hot-chips-2021-live-blog-new-tech-infineon-edgeq-samsung[2022-03-28].

[51] Jung S, Lee H, Myung S, et al. A crossbar array of magnetoresistive memory devices for in-memory computing[J]. Nature, 2022, 601(7892): 211-216.

[52] 光电子器件行业市场供需现状及发展前景分析[OL]. https://www.xianjichina.com/news/details_271679.html[2022-03-28].

[53] LightCounting：到 2025 年，800G 以太网光模块将主导市场[OL]. http://www.c114.com.cn/topic/116/a1169214.html[2022-03-28].

[54] 吕向东, 梁雪瑞, 喻千尘, 等. 光通信技术研究现状及发展趋势[J]. 电信科学, 2019, (2): 9.

[55] Saeed F, Kimchau N, Hari M, et al. 1.6Tbps silicon photonics integrated circuit for co-packaged optical-IO switch applications[C]. Optical Fiber Communication Conference (OFC), 2020: T3H.1.

[56] 新形势下光网络架构面临变革[OL]. https://www.163.com/news/article/BK1P03RD00014AED.html[2022-03-28].

[57] 冯振华, 尚文东, 陆源, 等. 大容量光传输技术进展与 400G C+L 系统研究[J]. 信息通信技术与政策, 2021, (12): 14.

[58] Ogiso Y, Ozaki J, Ueda Y, et al. Ultra-high bandwidth InP IQ modulator for beyond 100-GBd transmission[C]. Optical Fiber Communication Conference (OFC), 2019: M2F.2.

[59] Yamanaka S, Ikuma Y, Itoh T, et al. Silicon photonics coherent optical subassembly with EO and OE bandwidths of over 50GHz[C]. Optical Fiber Communication Conference (OFC), 2020: Th4A.4.

[60] Lei W, Hongwei Z, Bei S, et al. High performance 1.3μm aluminum-free quantum dot lasers grown by MOCVD[C]. Optical Fiber Communication Conference (OFC), 2020: T4H.2.

[61] Lal V, Studenkov P, Frost T, et al. 1.6Tbps coherent 2-channel transceiver using a monolithic Tx/Rx InP PIC and single SiGe ASIC[C]. Optical Fiber Communication Conference (OFC), 2020: M3A.2.

[62] 新飞通支持单波 800G 应用的 Class 60 相干系列产品开始发售[OL]. http://www.c-fol.net/news/3_202105/20210514132238.html[2022-03-28].

[63] Chen Y, Kuzmin K, Poirier M, et al. Over 60GHz InP CDM and ICR enabling 800Gbps LR/ER/ZR/ZR+Transmission links with 120Gbaud/DP-16QAM modulation[C]. 26th Optoelectronics and Communications Conference, 2021: T5A.9.

[64] Yu H, Patel D, Liu W, et al. 800Gbps fully integrated silicon photonics transmitter for data center application[C]. Optical Fiber Communication Conference (OFC), 2022: M2D.7.

[65] 新易盛推出 400G ZR/ZR+相干光模块[OL]. http://www.c-fol.net/news/3_202203/20220303114914.html[2022-04-09].

[66] 新易盛在 OFC 2022 推动 400G 和 800G 光模块突破低功耗极限[OL]. http://www.iccsz.com/site/cn/News/2022/03/08/20220308123512426372.htm [2022-04-09].

[67] 美国 OFC 上的中国之光: 800G 光模块成为主打新品[OL]. https://view.in ews.qq.com/a/20220310A060PH00[2022-04-09].

[68] 光器件助力我国光通信由大转强[OL]. http://www.iccsz.com/site/cn/News /2019/01/24/20190124015839353049.htm[2022-04-09].

[69] 吴冰冰, 张海懿, 汤晓华, 等. 硅光子技术及产业发展研究[J]. 世界电信, 2017, 30(2): 6.

[70] 2025 年硅光子市场将超 39 亿美元[OL]. https://m.c114.com.cn/w5472-112 5248.html?ivk_sa=1024320u[2022-04-09].

[71] LightCounting. International optoelectronic industry trends - with a focus on SiP & Datacom[R], 2021.

[72] 中国通信学会. 硅基光电子集成技术前沿报告[R], 2020.

[73] 英特尔首提 "集成光电" 愿景: 100G 硅光子产品出货量超 400 万个[OL]. http://www.iccsz.com/site/cn/News/2020/12/04/20201204031641669960.htm [2022-04-09].

[74] 效能与量产性突飞猛进, 硅光子元件照亮通讯未来[OL]. http://www.iccs

z.com/site/cn/News/2021/11/30/20211130013410658214.htm[2022-04-09].

[75] Berikaa E, Alam M S, Samani A, et al. Net 1Tbps/λ transmission over 80km of SSMF using a single segment SiP IQM with all-electronic equalization [C]. Optical Fiber Communication Conference (OFC), 2022: Th4A.5.

[76] Sakib M, Kumar R, Ma C X, et al. A 240Gb/s PAM4 silicon micro-ring optical modulator[C]. Optical Fiber Communication Conference (OFC), 2022: M2D.4.

[77] 国内首款 1.6Tb/s 硅光互连芯片完成研制[OL]. https://xw.qq.com/cmsid/ 20211226A07JGD00[2022-04-09].

[78] GlobalFoundries宣布推出下一代硅光子解决方案[OL]. http://www.iccsz.c om/site/cn/News/2022/03/09/20220309132132728609.htm[2022-04-09].

[79] Hu X, Wu D Y, Zhang Y G, et al. 110Gbit/s NRZ and 160Gbit/s PAM-4 GeSi electro-absorption modulator[C]. Optical Fiber Communication Conference (OFC), 2022: Th3C.4.

[80] 英特尔首提"集成光电"愿景: 100G 硅光子产品出货量超 400 万个[OL]. http://www.iccsz.com/site/cn/News/2020/12/04/20201204031641669960.htm [2022-04-09].

[81] Tao J, You Q, Li Z, et al. Mass-manufactured beam-steering metasurfaces for high-speed full-duplex optical wireless-broadcasting communications[J]. Advanced Materials, 2022, 34(6).

[82] Zheng X, Zhang P, Ge R, et al. Heterogeneously integrated,superconducting silicon-photonic platform for measurementdevice-independent quantum key distribution[J]. Advanced Photonics, 2021, 3(5): 8.

[83] Li C, Zhang M, Xu H, et al. Subwavelength silicon photonics for on-chip mode-manipulation[J]. PhotoniX, 2021, 2(1).

[84] Ji H, Wang Z, Li X, et al. Silicon photonics 630-Gb/s complementary polarization-diversity coherent receiver with 9-Mrad/s polarization tracking speed for self-coherent homodyne detection[C]. Optical Fiber Communication Conference (OFC), 2022: Th4B.7.

[85] Han C, Jin M, Tao Y, et al. Ultra-compact silicon modulator with 110GHz bandwidth[C]. Optical Fiber Communication Conference (OFC), 2022: Th4C.5.

[86] Hu X, Wu D, Zhang Y, et al. 110Gbit/s NRZ and 160Gbit/s PAM-4 GeSi electro-absorption modulator[C]. Optical Fiber Communication Conference (OFC), 2022: Th3C.4.

[87] Wetzstein G, Ozcan A, Gigan S, et al. Inference in artificial intelligence with deep optics and photonics[J]. Nature, 2020, 588: 39-47.

[88] Robertg G H. 集成光学理论与技术[M]. 6 版. 北京: 电子工业出版社, 2012.

[89] 孙瑜, 刘丰满, 薛海韵. 高速高密度光电共封装技术[J]. 中兴通讯技术, 2018, 24(4): 6.

[90] 张一鸣, 刘宇, 张志珂. 高速光器件封装技术发展趋势[J]. 中兴通讯技术, 2018, 24(4): 5.

[91] Johnson J, Bacher K, Schaevita R, et al. Performance and reliability of advanced CW lasers for silicon photonics[C]. Optical Fiber Communication Conference (OFC), 2022: Tu2D.1.

[92] Choi S, Bae Y, Oh S, et al. A new FOWLP platform for hybrid optical packaging - Demonstration on 100Gbps transceiver[C]. Optical Fiber Communication Conference (OFC), 2021: M2B.1.

[93] IMEC 完成 InP 激光器和放大器的硅光子混合集成[OL]. http://www.iccsz.com/site/cn/News/2021/06/14/20210614101929406901.htm[2022-04-09].

[94] Li H, Sakib M N, Huang D, et al. A 106Gb/s 2.5Vppd linear microring modulator driver with integrated photocurrent sensor in 28nm CMOS[C]. Optical Fiber Communication Conference (OFC), 2022: M2D.1.

[95] 光电共封装芯片在系统应用中的展望[OL]. http://www.iccsz.com//Site/CN/News/2021/02/02/20210202011806623015.htm[2022-04-09].

[96] 光通信器件: 加大芯片研发投入, 提高核心器件国产化率[OL]. http://www.cinic.org.cn/xw/cjfx/419245.html[2022-04-09].

[97] 中国信息与电子工程科技发展战略研究中心. 中国电子信息工程科技发展研究（综合篇 2019—2020）[M]. 北京: 科学出版社, 2020.

[98] 李景镇, 刘颂豪. 光子学的内涵、发展与突破[J]. 深圳大学学报: 理工版, 1995, 12(1): 9.

[99] 余金中. 半导体光子学[M]. 北京: 科学出版社, 2015.

[100] 新形势下光网络架构面临变革[OL]. https://www.163.com/news/article/BK1P03RD00014AED.html[2022-04-09].

[101] 李淳飞. 对微纳光子学发展的一些战略思考[J]. 激光与光电子学进展, 2009, (10): 16-22.

[102] 余金中. 硅光子学[M]. 北京: 科学出版社, 2011.

[103] DiVincenzo D P. The physical implementation of quantum computation[J]. Fortschritte Der Physik, 2000, 48(9-11): 771-783.

[104] 王启明. 光子学技术——新世纪信息高科技的佼佼者[J]. 科学中国人, 2003, (9): 23-26.

[105] Moore G E. Cramming more components onto integrated circuits[J]. Proceedings of the IEEE, 2002, 86(1): 82-85.

[106] 周立伟. 光学, 明天更辉煌[J]. 北京理工大学学报, 2003, 23(4): 397-404.

[107] 史上最大芯片诞生: 1.2 万亿个晶体管, 40 万个核心[OL]. https://www.e efocus.com/mcu-dsp/458098[2022-04-09].

[108] Swaminathan M, Han K J. Design and Modeling for 3D ICs and Interposers[M]. Singapore: World Scientific, 2013.

[109] 芯片——摩尔定律的传奇[OL]. https://www.itdaan.com/blog/2017/08/24/ 7a2743db2f7a891b9d1a7a9506b98702.html[2022-04-09].

[110] 余少华. 网络通信技术呈十大特征[N]. 人民邮电报, 2018-08-16(5).

[111] A new golden age for computer architecture[OL]. https://cacm.acm.org /magazines/2019/2/234352-a-new-golden-age-for-computer-architecture [2022-04-09].

[112] Strubell E, Ganesh A, Mccallum A. Energy and policy considerations for deep learning in NLP[C]. Meeting of the Association for Computational Linguistics, 2019.

[113] Collings B. New devices enabling software-defined optical networks[J]. IEEE Communications Magazine, 2013, 51(3): 66-71.

[114] 张新全, 余少华. 信息化前景和网络演进探讨[J]. 光通信研究, 2021, (2): 6.

[115] Winzer P J. Making spatial multiplexing a reality[J]. Nature Photonics, 2014, 8(5): 345-348.

[116] Winzer P J. Scaling optical fiber networks: Challenges and solutions[J]. Optics & Photonics News, 2015, 26(3): 28-35.

[117] Houtsma V, Veen D V. Optical strategies for economical next generation 50 and 100G PON[C]. Optical Fiber Communication Conference (OFC), 2019: M2B.1.

[118] Sun C, Wade M, Lee Y, et al. Single-chip microprocessor that communicates directly using light[J]. Nature, 2015, 528(7583): 534.

[119] Zuffada M. Vision on silicon photonics for efficient data communications [C]. Photonics 21-WG6 Workshop. Photonics21.org, 2013.

[120] Atabaki A H, Moazeni S, Pavanello F, et al. Integrating photonics with silicon nanoelectronics for the next generation of systems on a chip[J].

Nature, 2018, 556(7701): 349-354.

[121] Innovative Optical and Wireless Network Global Forum Vision 2030 and Technical Directions[OL]. https://www.iowngf.org[2021-12-18].

[122] Digital Twin Computing (white paper/version 2.0.0)[OL]. https://www.iowngf.org[2021-12-18].

[123] Fabbri S J, Sygletos S, Perentos A, et al. Experimental implementation of an all-optical interferometric drop, add, and extract multiplexer for superchannels[J]. Journal of Lightwave Technology, 2015, 33(7): 1351-1357.

[124] Kurzweil R. The Singularity Is Near: When Humans Transcend Biology[M]. New York: The Viking Press, 2006.

[125] 董晓文.光计划发展之路——从空间到芯片[R]. 深圳: DCT-Lab, 2020.

[126] Ahmed K N. Perspectives on emerging/novel computing paradigms and future aerospace workforce environments[R]. USA: NASA Langley Resarch Center, 2004.

[127] Zhou J. Realization of discrete Fourier transform and inverse discrete Fourier transform on one single multimode interference coupler[J]. IEEE Photonics Technology Letters, 2011, 23(5): 302-304.

[128] 周治平, 许鹏飞, 董晓文. 硅基光电计算[J]. 中国激光, 2020, 47(6).

[129] Kitayama K I, Notomi M, Naruse M, et al. Novel frontier of photonics for data processing - Photonic accelerator[J]. APL Photonics, 2019, 4(9): 090901.

[130] Sze V, Chen Y H, Yang T J, et al. Efficient processing of deep neural networks: A tutorial and survey[J]. Proceedings of the IEEE, 2017, 105(12).

[131] Bunandar D, Lazovich T, Gould M, et al. Programmable nanophotonics for computation[C]. 2018 IEEE 15th International Conference on Group IV Photonics (GFP). IEEE, 2018.

[132] Hamerly R, Bernstein L, Sludds A, et al. Large-scale optical neural networks based on photoelectric multiplication[J]. Physical Review X, 2019, 9(2).

[133] 光子计算的 70 年进展[OL]. https://m.thepaper.cn/newsDetail_forward_11600139[2021-12-18].

[134] Shen Y, Harris N C, Skirlo S, et al. Deep learning with coherent nanophotonic circuits[J]. Nature Photonics, 2017, 11: 441-446.

[135] Wetzstein G, Ozcan A, Gigan S, et al. Inference in artificial intelligence with deep optics and photonics[J]. Nature, 2020, 588: 39-47.

[136] 余少华. 网络通信七个技术墙及后续趋势初探[J]. 光通信研究, 2018, (5): 1-8.

[137] 摩尔定律的一次次"惊险"续命[OL]. https://baijiahao.baidu.com/s?id=1 672798579621868742&wfr=spider&for=pc[2021-12-18].

[138] 中国信息通信研究院. 量子信息技术发展与应用研究报告[R], 2020.

[139] 张新全, 刘璐. 量子通信技术发展策略研究报告[R], 2019.

[140] Kimerling L C. The international integrated photonic systems roadmap: Defining the destination and the path (conference presentation)[C]. Smart Photonic and Optoelectronic Integrated Circuits XXII, 2020.

[141] Photonic technology is ready for the new Bill Gates or Steve Jobs[OL]. https://www.linkedin.com/pulse/photonic-technology-ready-new-bill-gates-steve-jobs-martijn-heck[2021-12-18].

[142] 翟雨生. 表面等离激元在光电探测中的应用及热电子机理研究[D]. 南京: 东南大学, 2017.

[143] Moor D, Fedoryshyn Y, Langenhagen H, et al. 180GBd electronic-plasmonic IC transmitter[C]. Optical Fiber Communication Conference (OFC), 2022: M2D.3.